THÉOPHRASTE

RENAUDOT

CRÉATEUR DU JOURNALISME EN FRANCE.

Par le Docteur Félix Roubaud.

PARIS

E. DENTU, LIBRAIRE-ÉDITEUR,

Palais-Royal.

MDCCCLVI.

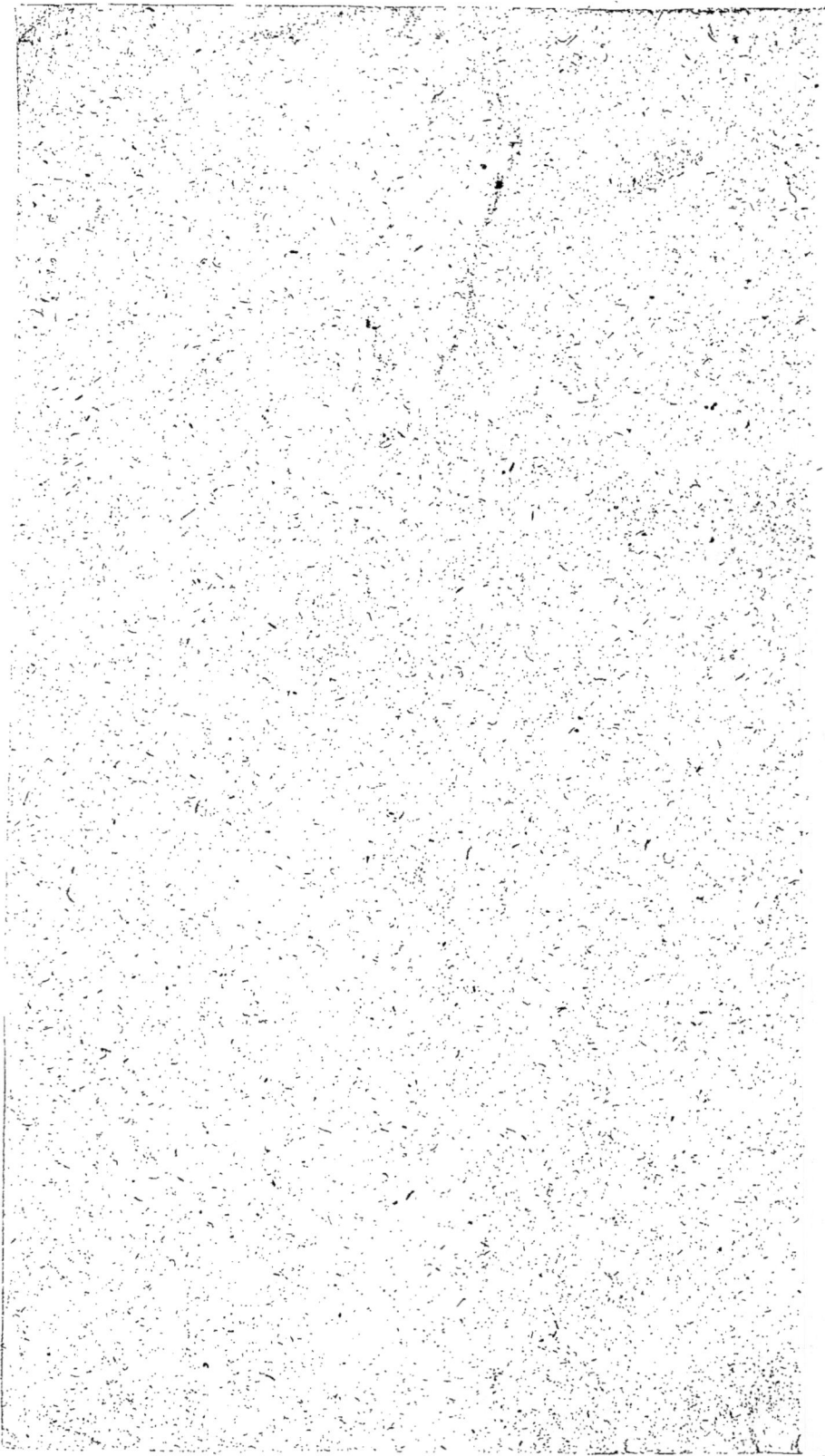

THÉOPHRASTE RENAUDOT

TIRÉ A 330 EXEMPLAIRES.

300 sur papier jésus anglais.
30, numérotés de 1 à 30, sur papier jésus fort.

ÉTUDES HISTORIQUES SUR LE XVIIe SIÈCLE.

THÉOPHRASTE

RENAUDOT

CRÉATEUR DU JOURNALISME EN FRANCE

Par le Docteur Félix Roubaud.

PARIS

E. DENTU, LIBRAIRE-ÉDITEUR,
Palais-Royal.

MDCCCLVI.

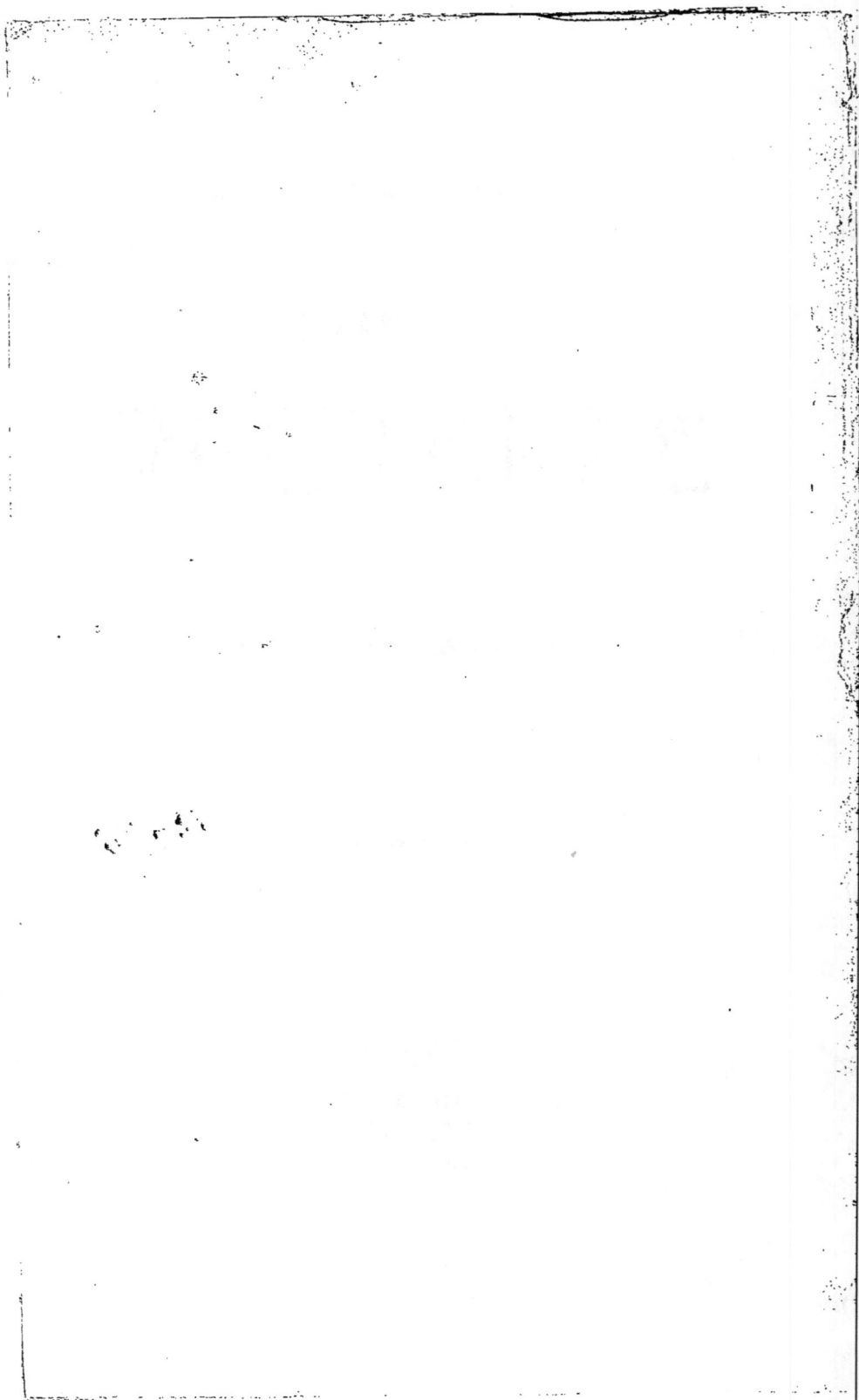

THÉOPHRASTE
RENAUDOT.

CHAPITRE I.

DE CONFRÈRE A CONFRÈRE.

Malgré le voisinage de leurs habitations (1),
Marie de Médicis et le cardinal de Richelieu
nourrissaient l'un pour l'autre un éloignement
d'autant plus profond, qu'il y avait entre eux
un long passé d'amour, d'intrigues et peut-être

(1) Marie de Médicis qui, au moment où se passent
les faits que nous allons rapporter, n'était plus que
reine-mère, habitait le Luxembourg, qu'elle avait fait
construire en 1615; et Richelieu, en attendant l'achè-
vement du Palais-Cardinal qu'il faisait édifier, occupait le Petit-Luxembourg qu'il avait fait bâtir en 1629.

de sang. La reine-mère s'indignait contre toutes choses et contre tout le monde : contre son âge qui, en effaçant les grâces de sa tournure et les charmes de son visage, lui enlevait tout à la fois les douces illusions et les tendres espérances; contre sa bru, dont la jeunesse et la beauté l'irritaient plus encore que son titre de reine; mais elle s'indignait surtout contre Richelieu, dont l'abandon remplissait son cœur d'amertume et de jalousie, et dont la toute-puissance sur l'esprit du roi lui faisait perdre cette part d'influence dans les affaires de l'Etat, qui lui revenait légitimement après de longues années de régence.

Ne pouvant espérer ni le retour d'une affection à jamais perdue, ni le partage d'un pouvoir qui lui échappait, elle résolut de briser Richelieu, ce remords incarné de ses amours et de son ambition, et de traîner cette robe rouge qu'elle avait tant caressée, dans le mépris de sa double vengeance et de femme et de reine. Elle souffla son ressentiment à l'âme de son second fils, de ce Gaston d'Orléans, que la santé délicate de Louis XIII et la stérilité d'Anne d'Autriche semblaient devoir appeler bientôt au trône de France; et autour de ce fils, dont elle fit tout à la fois l'instrument et la victime de ses intrigues, elle parvint à grouper quelques personnages considérables, un Montmorency et les deux frères Ma-

rillac, entre autres, dont l'un était maréchal et
le second garde des sceaux, après avoir été su-
rintendant des finances.

Superstitieuse et passionnée, Marie de Médicis
subissait fatalement l'empire de l'homme qui la
possédait : régente, elle s'était effacée sous Richelieu ; reine-mère, elle était sous l'entière domi-
nation de son médecin Vaultier. « Je mettray
icy, dit Tallemant des Réaux, ce que j'ay appris
de Vaultier. Un cordellier nommé père Crochard,
l'avait pour domestique, comme un pauvre gar-
çon ; madame de Guercheville le fit médecin du
commun chez la reyne-mère, à trois cens livres
de gages. Or, quand elle fut à Angoulesme, et
que de Lorme l'eust quittée à Aigre, aux ensei-
gnes qu'il disoit en son style qu'elle luy avoit dit
des paroles plus aigres que le lieu où elles avoient
esté dittes, elle eut besoing d'un médecin. Il ne
se trouva que Vaultier que quelqu'un, qui en
avoit esté bien traitté, luy loüa fort Il la guérit
d'une heresipelle, et en suitte il réussit si bien et
se mit si bien dans son esprit, qu'il estoit mieux
avec elle que personne : d'où vint la grande
haine du cardinal contre luy. C'estoit un grand
homme bien fait, mais qui avoit de grosses es-
paules ; il faisoit fort l'entendu. Il estoit d'Arles ;
sa mère gaignoit sa vie à filer, et on disoit qu'il ne
l'assistoit point. »

Vaultier était l'âme de cette guerre d'intrigues que l'on faisait alors au cardinal, à ce point que la reine-mère et son fils Gaston, effaçant leur personnalité, lui laissaient le dangereux honneur de donner son nom au parti qu'ils représentaient. Le parti Vaultier, comme on disait du parti de Marie de Médicis, eut un instant la victoire ; mais ce triomphe ne fut que de quelques heures ; il dura l'espace d'un matin : Richelieu, dont la disgrâce avait été enfin obtenue, accourut, parla au roi et rentra dans toute sa faveur.

La journée des dupes, — c'est ainsi que l'histoire a consacré cette scène de basse comédie, — *fut un coup terrible pour le parti de la reine-mère :* les deux Marillac furent arrêtés ; madame du Fargis prit la fuite, et Vaultier ne se crut en sûreté qu'en partageant avec sa maîtresse la captivité qui lui était imposée au Luxembourg.

Cependant toute crainte n'était pas bannie de son âme, et ce ne fut pas sans une certaine appréhension que, trois jours après l'événement, c'est-à-dire le 14 novembre 1630, il consentit à recevoir un de ses confrères dont le motif de la visite était, assurait-il, de la plus haute importance.

Et le visiteur avait raison, si l'on en juge par les premières paroles qu'il adressa à Vaultier :

— Monsieur, lui dit-il précipitamment avant

même d'avoir offert et reçu les civilités ordinaires, on doit vous arrêter tout à l'heure, et jé viens vous sauver.

Le médecin de la reine-mère parut plus convaincu de la réalité de la première partie de la phrase que de celle de la seconde, et, sans manifester pourtant aucun trouble, il se contenta de promener un long regard de défiance sur son interlocuteur.

Celui-ci, tout entier à l'œuvre de dévouement qu'il venait accomplir, sembla ne pas s'apercevoir de la méfiance dont il était l'objet, et, se rapprochant de Vaultier :

— L'ordre de vous arrêter, dit-il, a été signé ce matin.

— Je m'étonne qu'il ne l'ait pas été depuis trois jours.

— Vous serez, avant ce soir, conduit à la Bastille.

— Je n'en crois rien ; ma position auprès de la reine-mère...

— C'est précisément cette position qui est le motif de votre ruine.

— *Monsieur* le cardinal n'osera pas...

— *Monseigneur* le cardinal osera tout (1), vous

---

(1) Voir dans Tallemant des Réaux, *Historiette de Richelieu*, l'importance que le cardinal attachait au titre de monseigneur.

dis-je, comme madame du Fargis, vous n'avez plus de ressource que dans la fuite, et je viens vous en offrir les moyens.

— Vous? s'écria Vaultier avec un accent manifeste de dédain et d'incrédulité; vous, l'homme de monsieur de Richelieu!! non, non, *timeo Danaos et dona ferentes.*

L'inconnu, sous l'aiguillon de cette parole blessante, ramena sur sa poitrine les pans de son manteau, comme pour se retirer, lorsque, oubliant tout à coup l'impression fâcheuse qu'il avait reçue, il reprit le calme dans le maintien et l'aménité dans les paroles.

— Monsieur, dit-il à Vaultier, me voulez-vous faire l'honneur d'un moment d'entretien?

— Je suis à vos ordres, répondit le médecin de la reine-mère.

Et il offrit un siége à son visiteur.

Celui-ci déposa alors sur une table voisine la canne et le feutre qu'il tenait à la main, rejeta en arrière le manteau qui l'enveloppait, et permit ainsi d'apprécier exactement sa taille et sa figure C'était un homme de quarante-six ans; malgré un front très-vaste et des yeux largement fendus, sa physionomie manquait tout à la fois de grâce et de noblesse, parce que l'organe qui donne cette double expression, c'est-à-dire le nez, était court et largement épaté; de plus, et comme pour ag-

graver l'impression fâcheuse que tout d'abord
produisait ce nez camus, les cheveux étaient rares
sur la tête, et les poils, raides et clair-semés, des-
sinaient une barbe et des moustaches incultes et
hérissées. Cependant ces détails anatomiques, si
l'on peut ainsi dire, étaient relevés par l'expression d'un regard tout à la fois vif, intelligent et
bon; et l'on sentait que, sous ce front dénudé et
sillonné de rides, bouillonnait un esprit primesautier et d'une rare activité. Un grand col de toile
blanche, étalé sur un pourpoint boutonné dans
toute sa hauteur, donnait à la physionomie du
visiteur un air de jeunesse et de vigueur qui tem-
pérait la difformité du nez, l'austérité des rides,
la rigidité de la barbe et la sévérité du costume.
Celui-ci, en effet, tout entier de couleur noire,
se composait d'un pourpoint boutonné jusqu'au
cou, d'un haut-de-chausse à légers bouffants, et
de bas exactement moulés sur les jambes; cependant il ne manquait d'élégance, ni dans la coupe,
ni dans le choix des étoffes, et était surtout porté
avec une grâce et une facilité qui trahissaient
chez son propriétaire le goût de la richesse et la
fréquentation du grand monde.

Il en était ainsi, en effet, car le visiteur de
Vaultier n'était autre que Théophraste Renaudot,
le protégé de Richelieu et l'un des médecins le
plus à la mode de cette époque.

Après avoir pris place sur le siége qui lui avait été offert, Renaudot se pencha vers Vaultier et lui dit :

— La démarche que je tente en ce moment vous paraît tellement étrange qu'elle ne peut être acceptée par vous que comme un piége que je vous tends. J'aurais sans doute le droit de me montrer blessé d'un semblable soupçon et de vous abandonner au sort qui vous menace ; mais je puise les motifs de ma conduite dans un sentiment trop élevé et dans une cause trop grande pour que je cède à ce mouvement de ma vanité blessée. Cependant, moins pour me justifier à vos yeux que pour vous faire accepter mes services, je vous dois l'explication de ma démarche, et c'est pour elle que je vous ai demandé un moment d'entretien.

Vaultier s'inclina en signe d'acquiescement, mais ne put réprimer un léger sourire, qui trahissait l'incrédulité avec laquelle il se disposait à accueillir les paroles de Renaudot.

Celui-ci reprit :

— Les statuts de la Faculté de médecine de Paris, vérifiés au Parlement en 1598, ont, conformément à l'art. 125 de l'ordonnance d'Orléans, deux articles, les 51e et 59e, que je vous demande la permission de vous rappeler :

Art. 51. *Nemo Lutetiæ Medicinam doceat,*

nisi in parisiensium Medicorum collegio Docto-
ratum, vel Licentiatum sit consecutus, vel in
Collegium Medicum more solito cooptatus. Soli
Doctores, et Licentiati in Scholis Medicorum ex
superiore Cathedrâ doceant, Bacchalaurei ex
inferiore tantum. — Voilà pour l'enseignement ;
voici maintenant pour la pratique. — Art. 59.
Nullus Lutetiœ Medicinam faciat, nisi in hâc
Medicorum Scholâ, Licentiatum aut Doctoratum
assecutus, aut in eorum Collegium more solito
cooptatus, aut in Domesticorum Regiorum al-
bum inter Medicos Regios relatus sit, Regique
Christianissimo reipsâ inserviat : ita ut ne
Baccalaureis quidem hujus Facultatis liceat in
urbe, aut suburbiis sine Doctore Medicinam
exercere : Cœteri illicitè Medicinam facientes
reprobentur.

— Je connais, dit Vaultier en s'inclinant, les
priviléges dont jouissent les médecins de la Faculté de Paris, mais je n'en ai que faire, puisque
in domesticorum regiorum album inter medicos
regios relatus sim.

— Sans doute, répondit Renaudot, vos fonctions près de la reine-mère donnent à votre diplôme de Montpellier les prérogatives dont jouissent
les parchemins de Paris ; mais cette position peut
être brisée d'un moment à l'autre, et alors,
soyez-en convaincu, on réclamera contre vous

l'application des articles 51 et 59 des statuts que je viens d'avoir l'honneur de vous rappeler.

— Je n'ai point à nourrir de pareilles craintes; les bénéfices des exceptions comprises dans l'art. 59 survivent au titre qui les fit naître.

— Pas toujours : en 1612, lorsque je vins me fixer à Paris, après avoir été reçu docteur à la Faculté de Montpellier, j'eus hâte de me mettre en règle avec la Faculté de Paris, et j'obtins un brevet de médecin du roi, et prêtai serment, en cette qualité, entre les mains de notre confrère Drouart, médecin ordinaire de Sa Majesté — Il est vrai que je n'ai jamais rempli les fonctions de mon brevet, ni n'en ai jamais touché les émoluments, le titre que j'avais ambitionné et obtenu, ne devant être pour moi qu'une garantie contre les exigences de la Faculté de Paris. — Pendant dix-huit ans, ces exigences ont paru être satisfaites, mais elles se réveillent aujourd'hui et me contestent le droit d'enseigner et d'exercer la médecine dans la ville et les faubourgs de Paris. Pareille querelle, soyez-en convaincu, vous sera tôt ou tard suscitée, quand vos protecteurs seront morts ou en fuite, — car nous vivons à une époque terrible, où les plus hautes têtes ne sont pas toujours sûres du lendemain, — la jalousie ou la haine saura bien déchaîner contre vous quelque Moreau ou quelque Riolan.

A ces noms qu'il ne pouvait jamais prononcer avec calme, Renaudot s'était levé, puis, se rapprochant avec gravité de son interlocuteur :

— M. Vaultier, dit-il, nous sommes tous deux docteurs de la Faculté de Montpellier et tous deux par conséquent nous avons à redouter les priviléges de la Faculté de Paris. J'ai résolu d'abattre ces priviléges, non, croyez-le bien, parce qu'ils créent des entraves à ma carrière médicale, mais parce qu'ils compriment mes instincts de justice et mes aspirations vers la vérité ; je groupe autour de moi tous les docteurs étrangers à Paris, j'organise une armée de rébellion pour battre en brèche ces absurdes forteresses derrière lesquelles s'abritent l'ignorance et la sottise, et j'ai compté sur vous pour faire triompher notre cause commune : l'antimoine et l'équité.

Vaultier était évidemment sous l'empire d'une grave préoccupation ; on voyait au regard scrutateur qu'il promenait sur Renaudot qu'il croyait peu à la loyauté d'un traité de paix proposé par le protégé de Richelieu :

Renaudot reprit :

— Vous devez maintenant comprendre les motifs qui m'amènent aujourd'hui chez vous : en vous sauvant de la Bastille, d'où, si vous y allez jamais, vous sortirez je ne sais quand, je donne à notre sainte cause un défenseur digne d'elle et digne des principes nouveaux que nous proclamons.

Vaultier se leva à son tour avec un geste qui ne laissait aucun doute sur son intention de finir l'entretien :

—M. Renaudot, dit-il, mon titre de médecin de la reine-mère me garantit pour toute la vie le libre exercice de la médecine à Paris; la Faculté peut, selon son caprice, préférer la saignée à l'antimoine; pour ma part, selon ma fantaisie, je préfère l'émétique à la saignée; personne n'y trouve à redire; je n'ai donc rien à faire dans une querelle où, j'ai le regret de vous l'annoncer, j'aurai garde de me jeter. — Quant aux dangers dont vous voulez bien me garantir, je crois à la reine-mère encore trop de puissance pour avoir rien à craindre de ses ennemis.

Renaudot tressaillit sous la sécheresse de ces paroles : il heurtait le sarcasme quand il se croyait en droit de trouver une expression de reconnaissance.

—Soit, répondit-il à Vaultier en reprenant son feutre, que votre destinée s'accomplisse!

— Oui, qu'elle s'accomplisse, répliqua Vaultier en reconduisant son visiteur, car elle me promet la place de premier médecin du roi.

— D'un roi qui est encore à naître.

— Peut-être.

Les deux interlocuteurs avaient raison, comme nous le verrons plus tard ; mais au moment où se passe notre récit, la destinée de Vaultier était marquée d'un point noir, car, ainsi que l'en avait prévenu Renaudot, il fut, par ordre de Richelieu, arrêté dans la soirée et conduit à la Bastille.

CHAPITRE II.

LA MAISON DU GRAND-COQ DE LA RUE DE LA CALANDRE.

Au temps dont nous parlons , c'est-à-dire en 1630, le Parisien avait un genre de vie qui ressemblait bien peu à celui que nous menons aujourd'hui : réglant ses plaisirs et ses travaux sur la lumière du jour, forcé de rester chez lui par l'absence de tout divertissement, et par les dangers qu'offraient les rues sombres de la capitale, qui devenaient, aux heures de nuit, la propriété des vide-goussets et des coupeurs de gorge, il se livrait au sommeil dès le couvre-feu sonné et pouvait, par conséquent, disputer au coq l'honneur de voir lever l'aurore.

L'étudiant en médecine était astreint, comme tout le monde, à ces mœurs régulières et sévères : « Les bacheliers , dit M. Sabatier (d'Orléans), commençaient leurs leçons à cinq heures du ma-

tin ; et, dans les premiers temps de l'organisation
de l'école, comme les horloges publiques n'exis-
taient pas encore, c'était au son de la cloche d'un
couvent de moines, sonnant leurs matines, que
se réveillait l'étudiant en médecine. On le voyait
alors, bravant l'obscurité d'une nuit d'hiver, descendre à tâtons l'escalier de sa chambrette, tirer
le verrou d'une porte basse, se glisser dans les
rues sombres et étroites du quartier Latin, ayant
parfois à la main une lanterne, quand la nuit
était trop noire ; et, arrivé à la rue du Fouarre,
entrer dans une salle basse, sorte d'écurie jon-
chée de paille. Deux chandelles modestes, établies
sur une escabelle, éclairaient cette salle. Le maître n'avait pas d'autre siége que ses élèves, seulement une botte de paille de plus lui était ré-
servée, afin qu'il pût dominer son auditoire (1). »

En 1630, les aspirants au baccalauréat en médecine, les aspirants à la régence et même les
aspirants au doctorat ne se rendaient pas tous à
la rue du Fouarre et à la rue de la Bucherie, où,
depuis 1505, avait été transférée la Faculté de Médecine, et où se trouvait, depuis 1608, un amphithéâtre d'anatomie qu'y avait fait construire un

---

(1) *Recherches historiques sur la Faculté de médecine de Paris*, pag. 55.

chanoine de la cathédrale. Plus d'un, continuant
à descendre la rue Saint-Jacques, traversait le
Petit-Pont, pénétrait dans la rue de la Cité et
s'arrêtait dans la rue de la Calandre, à la maison
portant l'enseigne du *Grand-Coq*. Quelle que fût
l'heure matinale à laquelle le visiteur arrivât, il
était toujours sûr de trouver le maître du logis
déjà à l'œuvre, et feuilletant des registres et des
liasses de papiers.

Cette maison ne recevait pas seulement des
étudiants en médecine : chaque matin, elle était
envahie par une foule d'hommes de tout âge et
de diverses conditions, dont les uns pénétraient
dans l'intérieur, et dont les autres restaient sur
la voie publique, attendant qu'il plût au maître
de les recevoir.

Ceux qui pénétraient dans l'intérieur de la demeure se répandaient dans différentes pièces et
aux divers étages du bâtiment, et prenaient place,
ceux-ci devant des tables chargées de registres et
de papiers, ceux-là sur des bancs disposés autour
d'une espèce d'hemicycle. Quelques-uns, les plus
favorisés sans doute, car ils étaient en petit nombre, arrivaient jusque dans une pièce reculée,
où se trouvaient, sur un fourneau presque toujours allumé, des fioles, des alambics, des tubes,
des éprouvettes, en un mot l'arsenal le plus complet, pour l'époque, d'un laboratoire de chimie.

Un visiteur étranger, en parcourant cette maison à physionomie changeante avec chaque étage, eût été fort empêché d'assigner au propriétaire un genre d'industrie ou de profession quelconque. C'était en effet un mélange bizarre d'hommes et de choses : à côté d'une salle où l'étudiant en médecine recueille une leçon, est une pièce toute remplie de hardes, de bijoux, de meubles numérotés, étiquetés et méthodiquement classés dans des casiers ou des encognures; ici une grande table ronde autour de laquelle vingt scribes écrivent sous la dictée de l'un d'eux; là des bureaux au nombre de dix devant chacun desquels un homme dépouille et transcrit une volumineuse correspondance; plus loin, comme nous l'avons dit, un laboratoire de chimie et y attenant une officine, où, contre toutes les règles de la pharmacie à cette époque, les minéraux dominent. Tous les matins, bien longtemps avant le lever du jour, un personnel nombreux vient occuper ces salles, ces tables et ces bureaux. Le maître distribue à chacun sa tâche, va, vient, se multiplie et ne rentre dans son cabinet que lorsque tout le monde est à l'œuvre, et que lorsque marchent sans encombre tous les rouages de cette machine compliquée.

Comme à l'ordinaire, un des derniers jours du mois de novembre de l'année 1630, il était de-

2.

puis quelques instants enfermé dans son sanctuaire, quand un jeune homme de vingt-cinq
ans à peu près se présenta discrètement à la porte,
et annonça que deux étrangers de distinction
désiraient l'entretenir.

— Isaac, dit le maître, connais-tu ces visi-
teurs?

— Non, mon père, répondit le jeune homme;
enveloppés chacun dans un vaste manteau et le
feutre enfoncé jusqu'aux yeux, ils cachent soigneusement leur figure; seulement l'un d'eux ne
parle à l'autre qu'avec les marques du plus grand
respect, et ne l'appelle que monseigneur.

— C'est bien, dit le maître sans cesser de parcourir un registre, fais entrer.

Il était évident, au peu de souci qu'en montra
le maître, que de semblables visites n'avaient rien
que d'ordinaire, et que cette maison, déjà si pleine
de choses bizarres et disparates, était aussi le
théâtre de mystérieuses aventures, où tout au
moins de confidences secrètes.

La porte du cabinet se rouvrit bientôt, et livra
passage aux deux étrangers annoncés par Isaac.
Dès que le maître les aperçut il se leva précipitamment, accourut au devant d'eux et mettant
un genou en terre :

— Monseigneur, dit-il avec émotion.

Un signe de celui à qui ce titre était donné arrêta le maître :

— Je désire, dit-il, que personne ne sache ma présence chez vous.

Le maître se releva, et se tournant vers Isaac resté sur la porte :

— Je ne suis visible pour personne, dit-il, pas même pour le roi.

Le visiteur à qui tant de respect était rendu se prit à sourire, et tout en se débarrassant de son feutre et des plis de son manteau :

— Cependant, dit-il, si Sa Majesté vous faisait l'honneur de vous visiter, il serait d'un sujet peu respectueux et fidèle de le sacrifier à son serviteur.

— Le roi, répondit l'autre en s'inclinant, est moins celui qui en porte le titre, que celui qui en exerce le ministère.

Richelieu que cette conversation vient de dévoiler au lecteur comme il s'était découvert aux regards de son hôte, prit un siége qui lui était offert, et caressant délicatement sa moutache :

— M. Renaudot, dit-il, vous m'avez si souvent parlé de vos bonnes œuvres pour le peuple, vous m'avez si souvent entretenu de projets et d'entreprises qui pouvaient tourner au bien de l'État, et, faut-il le dire, j'entends si fréquemment votre nom mêlé aux conversations de la

Cour, que j'ai eu la curiosité de voir le laboratoire d'où sortent tout à la fois des drogues pour
les malades, des secours pour les pauvres et des
nouvelles pour les oisifs.

Renaudot que le lecteur avait sans doute deviné
avant que Richelieu ne le nommât, s'inclina en
signe d'acquiescement et parut se mettre aux ordres de son Emminence.

— Vos occupations, reprit le cardinal, sont
nombreuses et diverses; seul peut-être les connaissez et pouvez m'en instruire.

— Monseigneur, répliqua Renaudot, je suis
médecin et ne fais pas autre chose que de la médecine. Seulement je comprends mon ministère
d'une façon fort différente de celle de mes confrères, et, délaissant Aristote et Platon et toutes
les inutiles formules de la scolastique, je m'applique avec un soin égal à prévenir et à guérir
les maladies.

Renaudot s'arrêta comme pour attendre les
ordres de Richelieu.

— Je vous écoute, dit celui-ci, continuez.

— Monseigneur, poursuivit le médecin, je
vous parlerai d'abord de mes moyens préventifs.
Les causes les plus communes et les plus incessantes des maladies sont, pour le peuple, la misère, et pour les gens riches l'ennui. J'ai dû me
préoccuper d'affaiblir l'influence de l'une et de

contrebalancer l'action de l'autre. —La misère
n'est pas toujours valide ; elle se présente souvent avec le triste cortége de la maladie ; pour
elle, j'ai établi des consultations médicales, où le
malheureux reçoit gratuitement des conseils et
des remèdes.

— On prétend, observa Richelieu, mais ce
sont probablement des envieux qui tiennent ces
propos, que vos consultations ne sont pas entièrement gratuites.

— Monseigneur, reprit Renaudot, soit que
cette institution plût au public par sa nouveauté,
soit qu'elle répondît au sentiment d'avarice de
quelques-uns, soit que le temps des saignées soit
passé et que celui de l'antimoine soit venu, toujours est-il que je me suis aperçu que la salle des
consultations n'était pas toujours occupée par des
infirmes dans la misère, et qu'elle donnait souvent asile à des gens pouvant payer tout à la fois
le médecin et les remèdes. J'étais en droit, même
dans l'intérêt du pauvre, de prélever sur eux le
prix de la consultation et celui des médicaments.
Je ne l'ai pas fait, parce que je n'ai point à
scruter la conscience de mon semblable, et je me
suis contenté, pour sauvegarder le patrimoine de
mes pauvres, de faire promener dans l'assistance
une bourse où qui veut met l'offrande qui lui
convient.

— Et ces offrandes, demanda Richelieu, cou-
vrent-elles au moins les frais des médicaments?

— A peu près, répondit Renaudot, grâce aux
économies que je réalise en faisant préparer les
remèdes chez moi, et en préférant les minéraux
aux végétaux.

Un silence se fit; mais comme Richelieu paraissait attendre la fin des explications de Renaudot, celui-ci reprit :

— Cette institution, monseigneur, n'est pas
seulement utile aux pauvres malades, elle est,
pour le médecin et surtout pour les bacheliers et
les licenciés, d'une importance que la Faculté de
médecine devrait comprendre. C'est en voyant
les malades qu'on apprend à les guérir, et cette
science n'est pas dans les disputes de l'école,
quelle que soit l'énormité des barbarismes grecs
et latins derrière lesquels on s'abrite. — Mais
pardon, monseigneur, j'occupe votre esprit de
choses qui vous doivent rester étrangères, et
j'arrive à un point plus digne de vos préoccupations, la misère du peuple.

Richelieu caressa sa moustache, donna un
sourire à son compagnon dont nous n'avons encore rien dit, et fit signe à Renaudot de continuer.

Le médecin reprit :

— Monseigneur, l'expérience a appris que
dans les affaires de la vie, un secours venu à pro-

pos avait toute l'importance d'un trésor. L'ou
vrier, faute d'une avance, ne peut prendre maî
trise et, poussé par le découragement, s'aban
donne à l'ivrognerie, mère de la misère et des
maladies ; le marchand, l'entrepreneur, faute
d'un petit pécule, succombent à la première gêne
qu'ils éprouvent, ou ne peuvent réaliser soit un
bon coup de commerce, soit une commande ; je
n'en finirais pas, monseigneur, si je voulais énu
mérer toutes les circonstances où un secours venu
à propos vaut mieux, je le répète, qu'un vérita
ble trésor. — Eh bien ! monseigneur, j'ai donné
au peuple cette ancre de salut ; je lui ai fourni les
avances dont il pouvait avoir besoin ; mais comme
une fortune royale n'y suffirait pas, je n'ai fait
qu'un prêt de ces avances, et, me conformant
aux règles de ces sortes de transactions, je n'ai
fait que prendre les mesures nécessaires pour
garantir et accroître les capitaux que j'affectais à
ces prêts ; je prélève 3 p. 100 d'intérêt, un faible
droit d'enregistrement et j'exige, comme sécurité
de mon prêt, un gage dont je ne puis disposer
qu'après l'expiration des échéances convenues
entre l'emprunteur et moi. — Je ne suis point,
monseigneur, l'inventeur de ce système ; depuis
longtemps les Lombards le pratiquent en Italie,
où le peuple reconnaissant l'appelle Mont-de-
Piété, le mettant ainsi au rang des œuvres de la
charité chrétienne.

— Je n'ignore pas, dit Richelieu, que N. S. P.
le pape Léon X a permis, en 1521, de retirer un
intérêt des fonds qui sont consacrés en Italie à
cet emploi charitable. Mon père, continua-t-il en
se tournant vers son compagnon, prenez note
de l'établissement de M. Renaudot, et m'en faites souvenir au besoin.

Et s'adressant à son hôte :

— Poursuivez, lui dit-il, je prends un intérêt
très vif aux choses de votre activité.

— Je vous rends mille grâces, répondit Renaudot, pour votre indulgence et votre bonté, et
j'arrive à la prévention de la maladie chez les
gens riches, c'est-à-dire à la dissipation de l'ennui. Mais avant, monseigneur, j'ai à vous parler
d'une institution mixte en quelque sorte que je
considère, quand elle aura acquis un plus grand
développement, comme un des leviers les plus
puissants de l'activité commerciale et industrielle,
et qui, en attendant, est une des sources fécondes
où je puise les éléments des remèdes contre l'ennui. — Sous le premier rapport, il est d'une importance que vous comprendrez sans peine que
les gens d'affaires, de commerce et d'industrie
sachent non-seulement le lieu où ils pourront
rencontrer les personnes qu'ils ont intérêt ou
désir de voir, mais encore l'état de prospérité ou
de décadence des individus avec lesquels ils sont

en relation. Tant que Paris a été contenu dans des limites étroites, et tant que le commerce a tourné autour d'un cercle rétréci, chacun a pu se suffire à lui-même et se fier à la bonté de ses souvenirs. Mais depuis que, grâce à votre administration bienfaisante, de nombreux étrangers visitent la capitale, que le négoce de cette ville sort des murs d'enceinte pour se répandre non-seulement dans toutes les provinces, mais encore dans les pays les plus lointains, il est devenu nécessaire de donner au commerce tout à la fois plus de célérité et plus de sécurité, en le renseignant exactement sur la demeure, la position et la probité de chaque individu. C'est ce que j'ai fait, monseigneur, en instituant ce que j'appelle le *Bureau d'adresse*, et que le public nomme *Bureau de rencontre*.

— Comment, dit Richelieu évidemment frappé de l'esprit inventif de Renaudot, parvenez-vous à vous procurer les renseignements dont vous avez besoin?

— De plusieurs manières, monseigneur : d'abord j'ai des gens affidés qui, toute la journée, se répandent dans Paris, interrogent les marchands, simulent des affaires, prennent note de toutes les indications qu'ils recueillent, et me les rapportent le soir pour être vérifiées, contrôlées et couchées dans des registres. Mon ami d'Hozier,

3

dont les travaux généalogistes vous sont connus, monseigneur, entretient, pour ces travaux, une correspondance étendue avec toutes les parties de l'Europe, et, comprenant l'importance de mon entreprise, s'y associe et m'ouvre avec sa correspondance une nouvelle source non moins féconde que la première de renseignements et d'anecdotes. Enfin, grâce aux consultations gratuites, grâce au mont-de-piété et grâce au bureau d'adresse lui-même, ma maison est le rendez-vous de toutes sortes de gens, valides ou invalides, affairés ou oisifs, qui causent de toutes choses, qui racontent les aventures de la Cour et de la ville, et dont les propos, graves ou légers, sérieux ou badins, sont fidèlement recueillis, soit pour rectifier, confirmer certains renseignements ou en augmenter le cadre, soit pour figurer dans les récits que je donne à mes malades riches dans le but de dissiper leur ennui. Vingt scribes sont toute la journée occupés à transcrire le résumé de ces historiettes que l'on nomme dans le public, vous le savez, monseigneur, les *nouvelles à la main.*

— Est-ce tout ? demanda Richelieu pensif.

— Oui, monseigneur, répondit Renaudot en s'inclinant.

— Mon père, dit le cardinal en s'adressant à son compagnon, tout ceci mérite qu'on y pense ; vous m'en reparlerez bientôt.

Et se tournant vers Renaudot :

— Monsieur, dit-il, je suis venu ici pour voir toutes ces belles choses, vous serait-il agréable de me les montrer ?

Le médecin prit une sonnette sur son bureau, et l'agita vivement.

La porte s'ouvrit :

— Isaac, dit Renaudot au jeune homme qui se présenta, appelez votre frère Eusèbe, prenez chacun un flambeau et marchez devant.

Richelieu se leva, ses deux interlocuteurs l'imitèrent; mais avant de sortir du cabinet, le cardinal et son compagnon rabattirent leur feutre sur la figure, s'enveloppèrent de leurs manteaux, et, comme à leur entrée, se dérobèrent complétement aux regards des curieux.

C'est ainsi qu'éclairés par les deux fils de Renaudot et conduits par Renaudot lui-même, ils pénétrèrent dans tous les détails de cette multiple administration, qui, par un véritable effort de génie pour cette époque, fonctionnait régulièrement dans la maison du Grand-Coq de la rue de la Calandre.

Avant la fin de cette inspection, Richelieu était entièrement gagné à la cause de Renaudot, et lui marqua un grand contentement de sa visite au moment où il franchissait la porte de la maison; aussi ceux qui, le lendemain, lurent les nouvelles à la main, y trouvèrent que le *sieur Théophraste Renaudot, ex-médecin du roi, était créé par brevets en titre d'office, commissaire général des pauvres valides et invalides du royaume, intendant et maître général des bureaux d'adresse ou rencontre de France.*

CHAPITRE III.

—

Depuis la visite de Richelieu à Renaudot, que
nous avons rapportée dans le chapitre qui pré-
cède, un grand changement s'était opéré dans la
maison du Grand-Coq de la rue de la Calandre :
l'immense table, autour de laquelle écrivaient
vingt scribes, avait disparu et était remplacée par
des cases d'imprimerie et une presse à bras.

C'est que les *Nouvelles à la main* avaient subi
une métamorphose complète et qu'elles arrivaient
au public, non plus calligraphiées et d'une manière irrégulière, mais imprimées et d'une façon
ériodique.

Le journal était né ; l'intelligence trop longtemps comprimée sous la force brutale représentée par la féodalité, avait enfin trouvé l'arme
magique qui devait assurer sa légitime prépondé-
rance, et, chose remarquable, pour la seconder
dans cette voie de régénération et de puissance,

3.

un auxiliaire étrange lui fraya les premiers pas et brisa à son profit, croyant ne travailler que dans l'intérêt de sa propre cause, ce qui restait encore debout du régime féodal.

Cet auxiliaire était Richelieu, et bien étrange auxiliaire, en effet, car en moins d'un siècle et demi son œuvre devait être à son tour broyée par l'instrument qu'il avait aiguisé lui-même. — Ce sont là les jeux favoris de la Providence qui ne donne le génie à certains hommes que pour mieux leur cacher, sous la grandeur des détails et le bruit de leur marche triomphale, le but vers lequel les pousse sa volonté fatale.

Renaudot avait depuis longtemps la pensée de transformer ses *Nouvelles à la main*. Mais soit que les fonds nécessaires à ce changement lui fissent défaut, soit que les guerres de religion dont on sortait à peine fussent des circonstances contraires à la réalisation de son projet, toujours est-il que, jusqu'à la visite de Richelieu, il se contenta d'en causer et de s'en entretenir avec son ami d'Hozier.

Mais le jour où le cardinal lui donna des marques si éclatantes d'approbation, Renaudot n'hésita plus à lui soumettre son plan de journal et lui fit ressortir tous les avantages que le gouvernement retirerait d'une feuille écrite sous la dictée et dans le sens du pouvoir.

Richelieu avait trop d'adversaires à convaincre et trop d'ambition à satisfaire pour ne pas
comprendre l'importance de l'arme nouvelle
qu'on lui offrait; aussi non-seulement donna-t-il
à Renaudot l'autorisation qui lui était demandée,
mais encore se réserva-t-il le droit, et pour lui et
pour le roi, d'insérer les articles qui leur convien-
draient.

A cette époque, Renaudot était âgé de 47 ans.
Né à Loudun en 1584, il était venu fort jeune à
Paris, où, faute de ressources, il se dut contenter
d'étudier sous un maître en chirurgie. — C'était
le moyen de se fermer les portes de la Faculté,
qui, ainsi que nous aurons l'occasion de le dire
plus tard, vivait en fort mauvaise intelligence
avec la compagnie des chirurgiens, surtout des
chirurgiens à robe longue. — Heureusement,
toutes les Facultés de médecine du royaume ne
professaient pas la rigidité de celle de Paris,
et plus d'une octroyait les grades universitaires
avec une facilité et une indulgence vraiment
incroyables. La Faculté de Montpellier était,
à ce qu'il paraît, de ce nombre, car Renaudot
s'y rendit en 1606, et y prit le titre de docteur
dans le court espace de trois mois. Avant de rentrer dans sa ville natale, où il avait l'intention
d'exercer la médecine, il voyagea plusieurs années pour acquérir de nouvelles connaissances, et

revint en Poitou, en **1610**, à l'époque où le père Joseph Leclerc du Tremblay introduisait la réforme monastique dans l'ordre des capucins de la maison de Fontevrault, dont était voisine l'abbaye des Roches, appartenant à l'évêque de Luçon, Armand de Richelieu.

Il est probable que ce fut pendant les deux années qu'il passa dans le Poitou qu'il lia connaissance avec le futur cardinal ministre et surtout avec le père Joseph, qui fut plus tard, tout le monde le sait, le confident intime de Son Eminence, à ce point qu'il était surnommé *l'Eminence grise.*

Quoi qu'il en soit, en **1612**, Renaudot revint à Paris et sollicita, pour y pouvoir exercer l'art de guérir, le titre de médecin du roi, car, à cette époque, ainsi que nous l'avons vu dans le premier chapitre, les médecins étrangers à la Faculté de Paris n'avaient point le droit de pratiquer leur profession dans la capitale, à moins qu'ils ne fussent attachés à quelque membre de la famille royale; il obtint sans de trop grandes difficultés le brevet qu'il sollicitait et prêta serment, en cette qualité, entre les mains de Drouart, médecin ordinaire du roi.

Ses ennemis ont, comme nous le verrons plus tard, contesté à Renaudot la légitimité de son titre; mais, au moment dont nous parlons, la lutte n'était pas encore engagée, et le docteur de Montpellier n'en était aux prises qu'avec la fortune.

Elle ne lui fut pas d'abord favorable, et on assure que, pour vivre, le jeune docteur fut réduit à ouvrir une école et à recevoir des pensionnaires; mais il avait trop de ressources dans l'esprit pour rester longtemps dans cette condition inférieure.

Nous avons vu, dans le chapitre précédent, le chemin immense qu'il avait parcouru, et nous allons maintenant le trouver au faîte du pouvoir et de la prospérité qu'il pouvait atteindre, car il avait pour collaborateurs des *Gazettes*, non-seulement le cardinal-ministre, mais encore le roi lui-même. « Chacun sait, écrivait Renaudot en 1644, que le roi défunt ne lisait pas seulement mes *Gazettes*, et n'y souffrait pas le moindre défaut, mais qu'il m'envoyait presque ordinairement des mémoires pour y employer. »

Le cardinal, plus circonspect dans ses communications, se servait de son confident intime, le P. Joseph, qui allait au moins deux fois par semaine à la rue de la Calandre recueillir les nouvelles et porter l'article de son maître. Il y rencontrait d'ordinaire Pierre d'Hozier, qui mettait généreusement sa volumineuse et curieuse correspondance au service de Renaudot.

Selon son habitude, un des derniers jours du mois de novembre 1631, l'Éminence grise péné-

tra dans la maison du Grand-Coq, se dirigea, sans
rien demander à personne, vers le cabinet particulier du médecin et, selon son habitude encore,
après avoir salué Renaudot et d'Hozier, dit en prenant un siége :

— Quoi de nouveau dans le monde ?

— Que je double mes *Gazettes*, répondit Renaudot avec triomphe, afin de mieux séparer mes
nouvelles et d'en faciliter la lecture à un plus
grand nombre de personnes (1).

Et, après un moment de silence :

— Aussi, reprit le journaliste, j'ai plus que
jamais besoin de votre concours, si vous ne voulez pas que mes *Gazettes* ne renferment que des
historiettes, des nouvelles à la main.

— Eh ! eh ! dit le P. Joseph en souriant, Monseigneur le cardinal ne dédaigne pas les historiettes, et il les recueille soigneusement tous les
soirs avant de dire son *pater* (2).

— J'en ai tantôt reçu une de Saint-Germain,

---

(1) Nous dirons plus loin en quoi consistait le changement dont parle ici Renaudot.

(2) Ce recueil, de tous les propos et histoires de la
cour, à l'usage particulier du cardinal, fut publié en
1648, in-12, sous le titre de : *Journal de Monsieur
le cardinal de Richelieu, qu'il a fait durant le grand
orage de la cour, en l'année 1630 et 1631.*

reprit Renaudot, et d'autant plus précieuse que
Sa Majesté Louis XIII y remplit le rôle de
poète.

Le confident de Richelieu tendait déjà la main
vers le bureau, quand le médecin, l'arrêtant :

— Mon père, dit-il, j'ai deux services à vous
demander.

— Des conditions! fit le capucin d'un air presque indigné.

— Le pouvez-vous penser ? répliqua vivement
Renaudot, vous qui me connaissez depuis vingt
ans !

— Voyons, dit le moine, votre première demande.

— Depuis un an, reprit le rédacteur des *Gazettes*, je ne vous ai pas entretenu d'un homme
enfermé à la Bastille et dont le concours me serait très utile pour les œuvres que je poursuis; vous
pouvez tout pour son élargissement, et vous n'a-
vez qu'à dire un mot à Son Éminence pour que
mon confrère Vaultier...

— Ah! oui, parlons-en un peu, de M. Vaultier, interrompit le moine; il fait de belles choses
à la Bastille, et il mérite vraiment que vous vous
intéressiez à lui. D'abord, il n'est pas d'injures
qu'il ne dise contre vous ; il crie par-dessus les
fossés que vous êtes un charlatan, un intrigant,
que sais-je encore?... Je vous montrerai les rap-

ports de mon frère, que nous avons fait gouver-
neur de la Bastille.

— Il est aigri par la captivité, mon père.

— Et puis, reprit le moine, il a ourdi des machinations contre M. de Bassompierre, prisonnier
comme lui, et qui vient d'en écrire au cardinal (1).

Évidemment, Renaudot ignorait la conduite et
les propos que Vaultier tenait à la Bastille, et,
comme il y réfléchissait, le père Joseph reprit :

— Vous serez peut-être plus heureux dans le
second service que vous réclamez. Quel est-il ?

— Oh ! mon Dieu ! fit hypocritement le médecin, c'est moins une faveur personnelle que j'ai
à demander à Son Éminence qu'une lettre de
crédit pour mes *Gazettes*, afin qu'elles soient dignes de la haute protection que leur accordent
Monseigneur le cardinal et Sa Majesté Louis XIII.

Et, se tournant vers d'Hozier toujours occupé
à lire, comme s'il avait besoin d'un auxiliaire
pour le succès de sa supplique :

— N'est-ce pas, d'Hozier, lui dit-il, que les

_____

(1) « J'eus plusieurs desplaisirs domestiques dans
la Bastille, tant causés par un maraud de médecin,
nommé Vaultier, que par une cabale qui se fit contre
moi par son instigation. » (*Mémoires du maréchal de
Bassompierre*, tome IV, page 359.)

ennemis de Monseigneur, ne pouvant s'attaquer à lui, insultent les hommes et les choses qu'il patronne, et que, pour ne citer que moi, m'appellent dédaigneusement le *Gazetier*.

— Si l'on n'y met bon ordre, répondit d'Hozier, l'injure dont on poursuit Renaudot jettera une telle défaveur sur les *Gazettes*, que leur avenir m'en paraît sérieusement compromis.

— Et pour cela, demanda le père Joseph, que pensez-vous devoir faire ?

— Au titre injurieux qu'on me donne, répliqua Renaudot, il faut que je réponde par un titre honorable et partout estimé. Mes *Gazettes*, n'étant pas autre chose que l'histoire de notre temps et mieux encore des grands événements auxquels président Monseigneur et Sa Majesté, j'estime que ce serait consacrer et ennoblir mes fonctions, que de me donner par brevet le titre d'historiographe de la couronne.

— Vous croyez que ce titre, demanda le capucin, imposerait silence à vos ennemis?

— Je pense peu à mes ennemis, mon père; toute ma sollicitude est pour les *Gazettes*, qui en tireront un lustre et un crédit plus grands. Faites par l'historiographe de Sa Majesté, elles seront partout acceptées comme l'expression fidèle des événements et de la vérité.

D'Hozier se joignit à son ami Renaudot pour

4

plaider la même cause, si bien que le père Joseph finit par se laisser convaincre et promit, non-seulement d'en faire la proposition à Richelieu, mais encore de l'appuyer avec chaleur.

— Et maintenant, reprit le moine en souriant, vous plairait-il de tenir la seconde clause de notre traité et pour laquelle j'ai loyalement rempli, je pense, les conditions que vous m'aviez imposées.

— Certainement, répondit Renaudot, en prenant un papier dans le tiroir de son secrétaire.

Et, tout en le dépliant avec lenteur :

— Depuis quelque temps, poursuivit-il, le roi boude madame d'Hautefort, et lui retire la faveur qu'il semble vouloir accorder à mademoiselle de Lafayette.

— On sait cela, interrompit l'éminence grise, qui commençait à nourrir le projet de supplanter le cardinal, son maître, au moyen de la nouvelle favorite, qui était un peu sa parente.

Renaudot, ne pouvant deviner les machinations du moine, poursuivit :

— Mademoiselle de Lafayette est si gaie et aime tant à rire, qu'hier soir, à Saint-Germain, «en ayant trouvé sujet, elle rit si fort, qu'elle en pissa sous elle, si bien qu'elle fut longtemps sans oser rire ; le roi l'ayant laissée, la reine la voulut voir lever, et aussitôt on aperçut une grande mare d'eau ; celles qui n'étaient pas de son parti ne purent se tenir de rire et la reine surtout ; ce qui offensa la cabale, d'autant plus que la reine dit très haut que c'était Lafayette qui avait pissé (1).»

— Eh ! eh ! dit le capucin en souriant, l'historiette est fort amusante ; poursuivez.

— Voici le morceau royal, dit Renaudot avec triomphe.

Et il présenta au père Joseph le papier sur lequel étaient les vers suivants, attribués en effet au roi qui, dans une de ses lubies, pouvait bien réellement les avoir composés.

> Petite Lafayette,
> Votre cas n'est point net ;
> Vous avez fait pissette
> Dedans le cabinet ;
> A la barbe royale,
> Et même aux yeux de tous,
> Vous avez fait la sale
> Ayant pissé sous vous.

— Bravo ! s'écria le moine en riant aux éclats, ceci vaut bien le titre d'historiographe de la couronne.

Et, après un moment de silence, se tournant vers le médecin :

— M. Renaudot, lui dit-il, pensez-vous que ces

_____

(1) *Mémoire de Laporte,* pag. 95.

vers soient à la connaissance de beaucoup de monde ?

— Non, mon père ; deux ou trois personnes seulement, et dont la discrétion est tout entière acquise à Sa Majesté.

— Eh bien ! fit gravement le moine, que tout ceci reste dans le mystère. — Pour une femme adroite et vindicative, ajouta-t-il à part lui, il y a dans ces vers de quoi bouleverser un empire.

Et, croyant déjà tenir la place de ministre qu'il convoitait, il serra précieusement dans son portefeuille le papier que Renaudot lui avait confié, promettant à celui-ci de lui faire avoir sous peu le brevet en titre d'historiographe de la couronne.

Il tint parole.

CHAPITRE IV.

—

LES GAZETTES.

En réclamant le titre d'historiographe de la couronne, Renaudot restait dans l'esprit qui animait ses *Gazettes,* et consacrait par sa véritable dénomination le rôle qu'il s'était imposé dans leur publication.

Il ne faut point juger ce rôle d'après celui que la presse a conquis de nos jours. Depuis Théophraste Renaudot, le journalisme s'est complètement transfiguré; aussi est-il plein d'intérêt de mesurer la distance qu'il a parcourue, et de pénétrer les circonstances généralement peu connues de sa première évolution.

Qu'on nous permette donc de nous arrêter un instant sur l'origine de cette puissance qui a révolutionné le monde, et dont l'influence est toujours en raison directe avec les progrès de la civilisation.

4.

Le journal de Renaudot (tout ce qui va suivre s'applique au premier volume des *Gazettes* parues en **1631**) ne portait en tête que le mot GAZETTE écrit en grosses lettres (1). Les cinq premières feuilles sont sans date, sans indication d'adresse, et sans numéro d'ordre; seulement elles sont distinguées par les lettres de l'alphabet, placées au bas de la première page, comme dans les anciens ouvrages et dans quelques livres modernes; on a donc dans l'ordre de leur succession le n° A, le n° B, le n° C, le n° D, le n° E; mais à partir de la feuille F, c'est-à-dire du sixième numéro, on trouve à la fin du journal la date de la publication et l'adresse du bureau de rédaction, — ces indications sont en *italiques* et formulées invariablement ainsi : *du bureau d'adresse, au grand Coq, rue de la Calandre, sortant du marché Neuf, près le Palais, à Paris,* — la date, et puis : *avec privilège,* — la date.

---

(1) Le journal de Renaudot est souvent désigné, même par des hommes érudits et que l'on s'étonne de voir tomber dans une semblable erreur, *Gazette de France.* Ce fut long-temps après sa fondation, en 1792, et après des transformations successives dans son format et sa périodicité, que la *Gazette* de Renaudot, pour se distinguer des autres gazettes enfantées par la concurrence, s'appela *Gazette nationale de France.*

de ce n° 6, qui est du 4 juillet 1631, permet de fixer, d'une manière positive, le jour de l'apparition du premier numéro : ce jour est le 25 mai 1631.

La *Gazette* paraissait tous les huit jours en une demi-feuille, petit in-4° de quatre pages sur une seule colonne. A la marge et en regard de chaque alinéa se trouve le nom du pays d'où vient la nouvelle que contient l'alinéa, ainsi que sa date par jour et par année. — C'est toujours par les nouvelles des contrées méridionales et les plus éloignées que Renaudot débute, et c'est par les nouvelles de Paris qu'il termine. Cette distinction semble tant lui tenir à cœur que dès la feuille Gg, qui porte la date du 28 novembre 1631, il dédouble sa feuille et fait une espèce de supplément à son journal qu'il appelle : *Nouvelles ordinaires de divers endroits,* « cela, dit-il, pour la commodité de la lecture, qui est plus facile à diverses personnes étant en deux cahiers, et aussi à cause de la diversité des matières et des lieux d'où viennent les lettres y contenues, les *Nouvelles* comprenant ordinairement les pays qui nous sont septentrionaux et occidentaux, et la *Gazette* ceux de l'orient et du midi. » — C'est ce changement que Renaudot annonçait au père Joseph dans la conversation que nous avons rapportée dans le chapitre précédent.

Les *Nouvelles*, dont la date correspond toujours à celle de la *Gazette*, portent une signature alphabétique différente; le premier numéro, celui du 28 novembre, porte la signature A, et les autres les lettres alphabétiques dans leur succession; on en compte cinq jusqu'à la fin de l'année, c'est-à-dire jusqu'au 26 décembre, qui est aussi la date du dernier numéro de la *Gazette*, qui porte la signature Hh, ce qui donne 31 numéros de la *Gazette* pour la première année de sa publication.

Renaudot les réunit en un volume sous le titre suivant : *Recueil des Gazettes de l'année 1631, dédié au roi avec une préface servant à l'intelligence des choses qui y sont contenues et une table alphabétique des matières.*

« Sire, dit-il au roi dans sa dédicace, c'est bien une remarque digne de l'histoire, que, dessous soixante-trois rois, la France, si curieuse de nouveautés, ne se soit point avisée de publier la Gazette où recueil pour chacune semaine des nouvelles tant domestiques qu'étrangères... Mais la mémoire des hommes est trop labile pour lui fier toutes les merveilles dont Votre Majesté va remplir le septentrion et tout le continent. Il la faut désormais soulager par des écrits qui volent, comme en un instant, du nord au midi, voire par tous les coins de la terre. C'est ce que je fais maintenant, sire, d'autant plus hardiment que la bonté de Votre Majesté ne dédaigne pas la lecture de ces feuilles ; aussi n'ont-elles rien de petit que leur volume et mon style. C'est, au reste, le journal des rois et des puissances de la terre ; tout y est par eux et pour eux, qui en font le capital ; les autres personnages ne leur servent que d'accessoire. »

Dans sa préface au public, Renaudot commence cette série de plaintes si souvent paraphrasées par les journalistes de toutes les époques, et dont la plus spécieuse est la difficulté de contenter tout le monde ; il nous semble lire un feuilleton moderne, quand il s'écrie : « La difficulté que je dis rencontrer en la composition de mes *Gazettes* et *Nouvelles* n'est pas ici mise en avant pour en faire plus estimer mon ouvrage ; c'est pour excuser mon style, s'il ne répond pas toujours à la dignité de son sujet. Les capitaines y voudraient rencontrer, tous les jours, des batailles et des sièges levés ou des villes prises ; les plaideurs, des arrêts en pareil cas ; les personnes dévotieuses y cherchent les noms des prédicateurs, des confesseurs de remarque. Ceux qui n'entendent rien aux mystères de la cour les y voudraient trouver en grosses lettres ; tel, s'il a porté un paquet en cour sans perte d'homme, ou payé le quart de quelque médiocre office, se

fâche si le roi ne voit son nom dans la *Gazette*.
D'autres y voudraient avoir ces mots de *Monseigneur* ou de *Monsieur* répétés à chaque personne
dont je parle ; il s'en trouve qui ne prisent qu'un
langage fleuri ; d'autres qui veulent que mes
relations semblent à un squelette décharné... ce
qui m'a fait essayer de contenter les uns et les
autres.

» Se peut-il donc faire (mon lecteur) que vous
ne me plaigniez pas en toutes ces rencontres et
que vous n'excusiez pas ma plume si elle ne
peut plaire à tout le monde, en quelque posture
qu'elle se mette ? non plus que ce paysan et son
fils, quoiqu'ils se missent premièrement seuls et
puis ensemble, tantôt à pied, et tantôt sur leur
âne. Et si la crainte de déplaire à leur siècle a
empesché plusieurs bons auteurs de toucher à
l'histoire de leur âge, qu'elle doit être la difficulté
d'écrire celle de la semaine, voire du jour même
où elle est publiée ! joignez-y la brièveté des
temps que l'impatience de votre humeur me
donne, et je suis bien trompé si les plus rudes censeurs ne trouvent digne de quelque excuse un ouvrage qui se doit faire en quatre
heures de jour, que la venue des courriers me
laisse, toutes les semaines, pour assembler,
ajuster et imprimer ces lignes. Mais non, je me
trompe, estimant, par mes remontrances, tenir

la bride à votre censure ; je ne le puis ; et si je le
pouvais (mon lecteur) je ne le dois pas faire,
cette liberté de reprendre n'étant pas le moindre
plaisir de ce genre de lecture, et votre plaisir et
divertissement, comme l'on dit, étant l'une des
causes pour lesquelles cette nouveauté a été in-
ventée. Jouissez donc à votre aise de cette liberté
française ; et que chacun dise hardiment qu'il
eût ôté ceci ou changé cela, qu'il aurait mieux
fait : je le confesse.

» En une seule chose ne céderai-je à personne,
en la recherche de la vérité, de laquelle, néanmoins, je ne me fais pas garant, étant malaisé
qu'entre cinq cents nouvelles écrites à la hâte,
d'un climat à l'autre, il n'en échappe quelqu'une
à nos correspondants qui mérite d'être corrigée
par son père le temps. Ceux qui se scandaliseront
possible de deux ou trois faux bruits qu'on nous
aura donnés pour vérités, seront par là invités à
débiter au public, par ma plume (que je leur offre
à cette fin), les nouvelles qu'ils croiront plus
vraies, et, comme telles, plus dignes de lui être
communiquées. »

Oh ! combien d'éditions il a été fait, depuis
Renaudot, de ces lamentations de journaliste !
Mais aucune, j'en suis sûr, n'a cette verdeur de
style et cette bonhomie de la pensée.

Le *Recueil des Gazettes de l'année* 1631 est,

comme on le doit penser, très rare et très difficile
à rencontrer ; la bibliothèque de la rue Richelieu
en possède un exemplaire, auquel manque la table alphabétique des matières annoncée par l'auteur.

C'est dans cet exemplaire que nous avons recueilli les détails qui précèdent.

Cet exemplaire est également précieux à un
autre titre : il est accompagné du portrait du journaliste qu'indique l'inscription suivante : *Theo-
phrastus Renaudot juliodunensis medicus et
historiographus regius œtatis año 58, sa-
lutis* 1644 *;* et au-dessous de cette inscription, le
dystique suivant sous formé de légende :

*Invenisse juvat, magis exequi, at ultima laus est
postremam inventis apposuisse manum.*

Ce portrait, le seul probablement qui reste de
ce grand homme, est celui qui nous a servi à
dessiner, dans le premier chapitre, la silhouette
de Renaudot. Celui-ci est assis devant son bureau, composant peut-être les *Gazettes* sur l'histoire desquelles, devançant les événements, nous
demandons la permission de dire quelques
mots encore pour n'avoir plus à y revenir plus
tard.

Les envieux et les détracteurs ne firent pas
défaut au novateur ; les attaques les plus malveil-

lantes et les injures les plus grossières l'assailli-
rent avec tant d'acharnement, qu'il se vit dans
la nécessité, tout en dédaignant les secondes, de
répondre aux premières. Il le faisait une fois par
mois, dans un supplément qui, en même temps,
complétait et résumait les nouvelles du mois.

« Ces miennes relations de chaque mois, dit-il,
servent de lumière et d'abrégé à celles des semaines ; car il en est des nouvelles comme des
métaux : ceux-ci, au sortir de la mine, sont vo-
lontiers mêlés de quelque terre ; celles-là d'abord
sont ordinairement accompagnées de quelques
circonstances mal entendues, dont elles s'épurent
avec un peu de temps, comme font les autres étant
jetées dans leurs lingotières. »

Ces numéros supplémentaires et mensuels,
qu'il appelait *Relations des nouvelles du monde
reçues dans tout le mois*, et que quelques auteurs
mal renseignés ont confondus avec les *Extraordinaires*, qui parurent pour la première fois en
1634, et qui étaient publiés sans régularité et
consacrés à la relation de quelque évènement *ex-
traordinaire*, ces numéros mensuels, disons-
nous, étaient les confidents habituels des tracasseries de Renaudot et chargés de répondre à ses
détracteurs, quoique l'infortuné *gazetier*, comme
on l'appelait, ne se flattât pas de les convaincre.

Cependant le succès ne fut pas un instant douteux : le public avait compris toute l'utilité des *Gazettes*, à ce point que, dès 1633, Renaudot a plus que l'instinct de la puissance qu'il fonde, il en a conscience, et que, fort de cette conscience, il ose apostropher les rois de la terre avec cette parole qui devrait servir d'épigraphe à tous les journaux : « Seulement, ferai-je, en ce lieu, aux princes et aux Etats étrangers, la prière de ne perdre point inutilement le temps à vouloir fermer le passage à mes *Nouvelles*, vu que c'est une marchandise dont le commerce ne s'est jamais pu défendre, ET QUI TIENT DE LA NATURE DES TORRENTS, QU'IL SE GROSSIT PAR LA RÉSISTANCE. »

Rien n'indique que la méthode des abonnements, généralement acceptée en France aujourd'hui, existât à cette époque. Une estampe du temps, conservée à la bibliothèque de la rue Richelieu, et représentant la *Gazette* assise sur une espèce de trône, recevant les hommages et les nouvelles de tous les peuples de la terre, nous montre, au fond, un crieur portant un panier rempli d'exemplaires du journal. Il est probable que la *Gazette* se criait alors dans les rues comme il arrive de nos jours pour les complaintes ou relations d'évènements extraordinaires.

La popularité que ce mode alors tout nouveau de publication attacha au nom de Renaudot ne fut certainement pas étrangère à la réprobation que le corps médical de Paris déversa sur le pauvre *gazetier,* et à la guerre qu'il lui suscita et dont il nous reste maintenant à parler.

CHAPITRE V.

—

LE CHER ENNEMI DES APOTHICAIRES.

Nous avons vu, dans un des chapitres précédents, que le droit d'exercer la médecine dans la ville et les faubourgs de la capitale était réservé seulement aux docteurs reçus et approuvés par la Faculté de Paris, et, par exception, étendu aux médecins d'un membre de la famille royale. Ce bénéfice à l'exception devait être justifié non par le brevet obtenu, car on savait comment s'obtenaient ces brevets, mais par des témoignages réels des fonctions remplies, ainsi qu'il appert du jugement rendu contre Renaudot en 1644, et dont nous aurons plus tard occasion de parler : « L'appelant, dit l'arrêt du Parlement, a bien communiqué un brevet de 1612, et l'acte de prestation de serment, signé du sieur Drouart, lors médecin ; mais l'appelant n'est point couché sur l'estat ni payé d'aucuns gages, ne sert point

par quartier ; trois conditions essentielles requises
par l'article 125 de l'ordonnance d'Orléans, et
par l'article 59 des statuts de la Faculté, vérifié
en la Cour en 1598. »

Pour en revenir à notre héros, Renaudot avait
trop d'activité dans l'esprit et trop d'indépendance dans le caractère pour enchaîner cette activité et la mettre au compte de quelqu'un. Voulant exercer la médecine à Paris, et n'étant plus
d'âge et de tempérament à recommencer des
études scholaires, il crut, se renfermant dans la
lettre de l'article 59 des statuts que nous avons
précédemment rapporté, prévenir tout conflit
avec la Faculté par la seule obtention du titre de
médecin du roi. C'était un gage de sécurité, une
garantie de repos, et rien de plus.

Pour tout autre que pour Renaudot, ce brevet,
purement nominal, eût été un traité de paix défi-
nitif avec la Faculté, et son possesseur, à l'exemple de bien d'autres, eût joui, sans traverse, des
bénéfices de l'exception contenue dans l'art. 59.

Malheureusement, Renaudot n'était pas homme
à végéter dans une position inférieure et à parcourir, sans s'écarter des sentiers battus, la carrière médicale. Les nouveautés étaient, plus que
les vieilles formules, les aliments favoris de son
esprit primesautier, et elles le trouvaient toujours
prêt à les adopter et à les défendre.

5.

A cette époque, la chimie, se dégageant enfin des creusets du moyen-âge, bégayait les premiers mots intelligibles qu'elle ait prononcés, et répudiait les arcanes mystiques de son aïeule l'alchimie. De ces premiers essais étaient sorties les préparations d'antimoine, contre lesquelles la Faculté, gardienne immuable des vieilles traditions et des us scholastiques, n'eut pas assez de foudres et en implora même du Parlement.

L'émétique, le vin stibié miroitèrent aux yeux de Renaudot avec toutes les séductions de la nouveauté; l'infortuné succomba à la tentation, ou plutôt il obéit à cette force intérieure qui le poussait, comme malgré lui, dans le glorieux sillon du progrès, et se déclara ouvertement pour l'usage de l'antimoine.

L'étude de ce corps l'amena tout naturellement à celle de la chimie, dont les découvertes inattendues et les transformations multiples devaient singulièrement plaire à son esprit curieux et investigateur. Bientôt les tubes, les éprouvettes, les flacons et les alambics affluèrent dans la maison du Grand-Coq de la rue de la Calandre, et un véritable laboratoire fut installé, où les apprentis apothicaires purent venir étudier la science nouvelle et les manipulations pharmaceutiques.

Cette direction des travaux de Renaudot eut pour lui un double résultat : 1o elle le retint dans la vieille ornière de la polipharmacie, et l'empêcha de s'unir aux membres les plus éminents de la Faculté, qui faisaient de louables efforts pour secouer le joug des traditions arabiques et rentrer dans le giron de la médecine hipprocatique, de telle sorte que, par le fait même d'un progrès, Renaudot, l'homme de l'initiative et de la hardiesse, resta dans la routine et les ténèbres de l'ignorance ; 2° elle le poussa dans l'opposition de la Faculté qui, ne reconnaissant plus à cette époque que l'autorité des anciens, Hippocrate, Aristote et Galien, repoussait avec un égal dédain les vieilleries mystiques des Arabes et les découvertes les plus légitimes des modernes ; par suite et à cause aussi de son laboratoire de chimie, qu'il avait mis au service de la corporation des apothicaires-épiciers, elle l'emmena à avoir pour auxiliaires et amis ces mêmes apothicaires menacés dans leurs intérêts par la réforme de la thérapeutique arabique, à la réalisation de laquelle, comme nous l'avons dit, travaillaient alors les meilleurs esprits.

Ce projet de réforme, que nous allons bientôt voir se traduire en actes, n'était pas le seul grief que les apothicaires eussent à formuler contre la Faculté : il existait entre les deux corporations un sujet éternel de guerre et de discussion qui avait sa source dans la suprématie illimitée que

les médecins prétendaient exercer sur les apothicaires. Nous n'avons point ici à faire l'histoire
de cette lutte, d'où l'opprimé sortit avec la victoire, parce que celui-là seul est fort qui combat
pour la liberté ; mais nous dirons seulement
qu'en 1631, l'année même où est arrivé notre
récit, un concordat fut passé entre les deux partis, et chacun d'eux put croire enfin qu'une paix
définitive avait été signée.

Les articles 9 et 10 de ce concordat étaient
ainsi conçus :

Art. 9. *Les apothicaires s'abstiendront, sur les
peines portées par les arrêts de la Cour, de donner aucun médicament aux malades sans l'ordonnance et conseil d'un médecin de la Faculté
de Paris, ou approuvé d'icelle.*

Art. 10. *Lesdits apothicaires ne recevront ni
exécuteront aucune ordonnance de qui que ce
soit se disant médecin empirique ou opérateur,
quel qu'il puisse estre, sinon les docteurs de ladite Faculté, ou approuvez d'icelle, sur ces
mesmes peines.*

Et pour que les docteurs en médecine ne pus-
sent ignorer la paix qui venait d'être signée, la
Faculté donna le décret suivant :

*Decretum saluberrimæ facultatis medicinæ
Parisiensis.*

Die mercurii decima septembris, hora a méri-

die prima, anno domini millesimo sexcentesimo trigesimo primo, saluberrima medicinæ facultas legitime libello speciali convocata super articulis quibusdam à pharmacopœis parisiensibus facultati per decanum oblatis. Audita per decanum pharmacopœorum parisiensium supplicatione qui in gratiam medicorum redire totis votis exoptabant, perlectis et diligenter examinatis articulis ab iisdem oblatis : censuit parisienses pharmacopœos in gratiam esse admittendos, diligendos eos, et adversus omnes defendendos ut filios et discipulos obsequentes, præter quos nullos alios artifices conficiendorum et administrandorum remediorum idoneos agnoscit, ratos et gratos habere se articulos propositos, eos esse referendos in novum codicem ad id destinatum, obsignandos manu quatuor custodum et juratorum pharmacopœorum, omniumque canditatorum pharmaciæ, priusquam magisterium consequantur, singulis annis legendos publice in examine primo pharmacopœorum, præsentibus pharmaciæ professoribus qui ea de re ad facul-tatem referent per tabellam quator juratorum manu obsignatam. Et sic conclusit facultas.

MOREAU DECANUS.

Certes, après une semblable déclaration, il semblait que l'harmonie qu'elle établissait entre les

médecins et les apothicaires, ne dût jamais être
troublée, car, si les apothicaires s'engageaient à
ne délivrer des médicaments que sur l'ordon--
nance d'un médecin de la Faculté de Paris ou
approuvé d'icelle, il était évident que les médecins s'engageaient en retour à prescrire des médicaments et à ne pas porter atteinte au commerce
de l'apothicairerie.

Aussi, grande fut la stupeur de cette dernière
communauté, quand, moins d'un an après la signature du concordat précédent, c'est-à-dire en
1632, parut, sous le nom de Philippe Guybert et
dédié à Gui Patin, l'un et l'autre docteurs de la
Faculté de Paris, un ouvrage dont le titre, *le Médecin charitable*, était à lui seul une nouvelle
déclaration de guerre ; ce livre, destiné au public, était écrit en français et se composait d'une
suite de traités simples et d'indications pharmaceutiques à l'usage de tous ; de plus, il était suivi
d'un petit traité hygiénique, *la conservation de
la santé par un bon régime*, dans lequel l'auteur
jetait ce brandon de discorde : « *Pour bien faire
la médecine, il ne faut guère de remèdes, et encore
moins de compositions, la quantité desquelles
est inutile et plus propre à entretenir la forfan-
terie des Arabes, au profit des apothicaires, qu'à
soulager des malades..... Je rends la pharmacie
la plus populaire qu'il m'est possible...* »

Le ton batailleur de ce cartel aurait droit de surprendre, quand on a lu la prose placide de Guybert, si l'on ne savait pas que l'auteur véritable de ce dernier traité était Gui Patin lui-même (1).

Malgré le peu de valeur de l'ouvrage, la corporation des apothicaires se sentit blessée au vif, et, après plusieurs réunions où les intéressés don-

---

(1) Voici ce que, plus de dix ans après l'apparition de ce livre, Gui Patin pensait de son œuvre : « Je m'étonne bien, écrit-il à Spon, qui vous a dit que j'étais l'auteur du petit *traité de la conservation de la santé* qui est derrière le *Médecin charitable* ; cela ne mérite pas votre vu. Je l'ai fait autrefois à la prière du bon médecin charitable même, M. Guybert, qui m'avait donné le Bonnet, et me pria de le faire le plus populaire que je pourrais, afin de le pouvoir joindre à son livre ; il ne mérite pas que vous y mettiez votre temps. Le passage du vin contre la peste est tiré de Riolan, *in methodo generali, ubi de peste* ; mais il n'est pas dans Plutarque ainsi : c'est une faute de M. Amyot qui l'a traduit, mais elle n'est pas toute seule, il y en a plus de six mille autres. Si je puis jamais prendre quelque loisir, je tâcherai de raccommoder ce traité et de le rendre un peu meilleur qu'il n'est ; et, en attendant, je vous prie de me faire la charité de ne dire à personne que je l'ai fait, car j'en ai honte moi-même. » (*Lettres de Gui Patin*, édit. Réveillé-Parise, tom. I, pag. 342.)

nèrent un libre cours à leur colère, il fut résolu qu'un bel et bon procès serait intenté au malencontreux médecin qui voulait introduire dans les familles «une médecine facile et familière qui les délivre de la tyrannie de ces *cuisiniers arabesques.*»

Comme on le doit penser, Renaudot était trop l'ami et le confident des apothicaires pour rester étranger à leur déboire et à leurs disputes. Son laboratoire de la rue de la Calandre, rendez-vous ordinaire d'un grand nombre d'entre eux, était le cénacle de leurs conciliabules et retentissait journellement d'imprécations et de quolibets contre le hardi réformateur.

Heureusement pour Guybert, la mort le vint surprendre peu de temps après l'apparition de son livre et, après avoir gagné le procès que lui avaient intenté les apothicaires, et dont les frais, s'élevant à la somme de 43 livres 15 sols, lui avaient été intégralement remboursés par la Faculté, témoignage irréfragable, disaient les enfants de l'officine, de la complicité de la compagnie tout entière des médecins.

Mais à la place de l'auteur patent que la mort arrachait à leurs coups, il restait aux apothicaires l'auteur discret et anonyme qu'une compromettante dédicace leur eût suffisamment désigné comme leur véritable ennemi, à défaut de l'exu-

bérante causticité de son esprit qui suintait à
chaque page et qui jurait étrangement à côté de
la phrase verbeuse du bonhomme Guybert.

Gui Patin devint donc le point de mire de
tous les sarcasmes de l'apothicairerie, lesquels,
il faut bien le dire, n'étaient pas tous sans fon-
dement, car, ainsi qu'il arrive aux natures pas-
sionnées, Gui Patin ne savait pas garder un
moyen terme dans ses opinions et, quelques fussent les excès de celles-ci, il y conformait ses actes et ses paroles. Ainsi dans sa guerre contre la
polipharmacie, guerre que tout justifiait et légi-
timait à cette époque, il en vint à vouloir fermer
les officines et limiter le domaine de la thérapeutique à quelques simples sans importance et à
l'eau de son ; dans son amour pour l'antiquité, il
ne vit guère que la saignée, pour laquelle il a
constamment à la bouche ce vers resté célèbre
de Joachim de Bellay :

O bonne, ô saincte, ô divine saignée !!

Enfin dans sa haine pour les nouveautés, il ne
fait grâce qu'aux follicules de Séné, et n'a pas
assez de colère contre l'antimoine et la découverte de Harvey.

L'exclusivisme de Gui Patin et sa thérapeutique limitée à la saignée, au son et au sené étaient
des textes inépuisables à la raillerie des apothi-

6

caires qui le désignaient communément sous le sobriquet de *docteur des trois S.*

Renaudot, qui n'avait encore eu à cette époque aucun démêlé avec la Faculté, malgré l'usage qu'il faisait de l'antimoine, prenait part à ces querelles plutôt en amateur qu'en partie intéressée, et obéissait, en s'y laissant entraîner, à un besoin d'agitation qui tourmentait incessamment son esprit amoureux du bruit.

Son concours était pour les apothicaires d'une importance sans égale, car, il faut bien le dire, aucun d'eux n'était de force à se mesurer avec *Gui Patin.* Celui-ci, dont l'ambition commençait à faire son lit, visait à frapper fort, sinon juste, car de cette première campagne dépendait le décanat qu'il caressait déjà dans ses rêves de docteur. Sa verve puisait dans cette émulation des traits acerbes et cruels qui semblaient lui promettre une victoire assurée. Mais hélas! au moment où il paraissait toucher au triomphe, le gazetier lui décocha une épigramme qui mit contre lui tous les rieurs. Le coup fut terrible et faillit tuer le pauvre *Gui Patin* sous le ridicule dont il le couvrit. Les apothicaires étaient royalement vengés, et ils ne parlèrent rien moins que de mettre Renaudot au rang des bienfaiteurs de leur communauté, quand le fondateur de la *Gazette*

fit circuler, en guise de nouvelle à la main, l'é-
pigramme suivant :

> Nos docteurs de la Faculté,
> Aux malades parfois s'ils rendent la santé,
> Le doivent à l'apothicaire:
> Mais Patin plus adroit, de par la charité,
> Avecque trois S les enterre.

Pour un trait d'esprit, Renaudot venait de se
créer l'ennemi le plus implacable qu'il eut jamais, et dont la vengeance sera à peine satisfaite
par la ruine de cette prospérité dont il touche en
ce moment le faîte.

CHAPITRE VI.

—

LE BACCALAURÉAT.

Le samedi précédant le quatrième dimanche de carême de l'année 1633, tout était fête dans la maison faisant le coin de la rue des Lavandières-Sainte-Opportune, du côté de Saint-Germain-l'Auxerrois : un fils venait d'être donné au propriétaire de cette maison, et son baptême, où il reçut le nom de Charles, était le prétexte aux réjouissances dont nous parlons.

Le maître de céans, retiré dans une pièce du second étage, *où, par-dessus la tapisserie, se voyaient curieusement les tableaux d'Erasme, des deux Scaliger, père et fils, Casaubon, Muret, Montaigne, Charron, Grotius, Heinsius, Saumaise, Fernel, De Thou et Gabriel Naudé* (1), célébrait cet heureux évènement en présidant

(1) *Lettres de Gui Patin*, tom. 11, p. 570.

une collation à laquelle avaient été invités de prendre part une douzaine de ses amis, tous hommes graves si l'on en juge par leur costume et les habitudes de leur maintien. Cependant, au moment où nous les surprenons à table, *le meilleur vin vieux de Bourgogne* circule à la ronde, et les convives n'ont de grave que leur costume, surtout le maître du logis qui, haranguant ses invités, est en proie à une violente agitation.

Tout à coup l'horloge du Palais de Justice sonna neuf heures et demie ; l'orateur interrompant son argumentation, passa subitement à la péroraison et la résuma ainsi :

— Il faut, mes amis, que ce soit aujourd'hui le plus beau jour de ma vie, et que, par vos suffrages, il me soit permis de sauvegarder l'honneur de notre sainte faculté pour le léguer sans tache au fils que le Ciel vient de me donner.

Et étendant la main droite comme pour mieux consacrer ses paroles.

— Jurons tous, reprit-il, pour que les vendeurs et les gazetiers n'entrent pas dans le Temple, de faire sortir du chapeau les quatre noms dont nous sommes convenus : ceux de Barralis, Piètre, Moreau et le mien, et, foi de Gui Patin ! la race du *nebulonis hebdomadarii* ne déshonorera pas notre illustre corporation.

6.

Et tous ces hommes graves prêtèrent le serment qu'on leur demandait.

— Et maintenant, reprit Gui Patin en donnant le signal du départ, les bacheliers nous attendent... A la Faculté !

Et rajustant leur pourpoint et reprenant leur gravité doctorale, les convives de Gui Patin quittèrent la maison de la rue des Lavandières-Sainte-Opportune, et se dirigèrent vers la rue de la Bûcherie où se rendaient de leur côté les docteurs régents de la Faculté de médecine de Paris, pour assister à la première séance du baccalauréat.

A dix heures sonnantes, tous les docteurs, au nombre de deux cents, dont cent douze du grand banc, et le reste du petit banc (1), remplirent l'hémicycle de l'amphithéâtre de la Faculté, ayant à leur tête le doyen qui était alors François Boujonier.

---

(1) Les docteurs régents de la Faculté de médecine étaient partagés en deux catégories : les anciens et les jeunes. — Ceux-ci n'entraient dans l'ordre des anciens qu'après dix années de pratique. — Dans les assemblées de la Faculté, les anciens prenaient place au haut de l'hémicycle, sur un banc par conséquent d'une longueur plus grande que celle du banc inférieur. — (Pour tous ces détails, voir les lettres de Gui Patin, et particulièrement tom. II, pag. 566).

Quand le silence eut été établi, le grand bedeau introduisit les aspirants, convenablement habillés, *habitu convenienti*, et l'un d'eux, jeune homme de 27 ans,—car pour être admis aux examens, il fallait justifier de 25 ans d'âge, — demanda, au nom de ses camarades, et dans une courte harangue en latin, que la Faculté les voulût bien admettre aux examens du baccalauréat.

Après cette *supplique,* — c'est le mot consacré, — Boujonier, en sa qualité de doyen, prit le premier la parole et demanda à l'orateur de décliner ses nom, prénoms, âge, patrie et religion.

— Je suis Isaac Renaudot, dit le postulant d'une voix ferme, âgé de 27 ans, né à Paris et dans la religion catholique, apostolique et romaine.

— Et vous, demanda l'accesseur du doyen en s'adressant au candidat qui marchait à côté de l'orateur.

— Moi, répondit celui-ci, je suis Eusèbe Renaudot, âgé de 26 ans, né à Paris et dans la religion catholique, apostolique et romaine.

Un léger murmure succéda à cette double déclaration qui était l'évènement de la séance, et que le hasard avait rendu plus considérable encore en désignant un des fils de Renaudot pour porter la parole au nom de ses camarades. Ce murmure, qui exprimait plutôt la curiosité qu'un

sentiment de réprobation, accompagna les deux
frères jusqu'à leur sortie, et alors la cérémonie
reprit sa physionomie ordinaire et rentra dans
son calme normal.

Cette première séance préparatoire consacrée,
comme on l'a vu, au dénombrement des candidats, était suivie d'une seconde séance également préparatoire, dans laquelle une commission
de quatre ou six membres, selon le nombre des
aspirants, était nommée au sein de la Faculté
pour vérifier les titres des futurs bacheliers.

C'est à cette commission que Gui Patin faisait
allusion quand il s'adressait à ses convives de la
rue des Lavandières-Sainte-Opportune.

Pour que le chapeau reçût les noms arrêtés
d'avance, chaque conjuré, si l'on peut se servir
de cette expression, usa auprès de ses confrères
de toute l'influence dont il pouvait disposer ; Gui
Patin surtout mit au service de cette cause toutes
les ressources de sa dialectique et de son activité.
C'était la première occasion qui lui était offerte
de se mêler un peu activement aux affaires de la
Faculté, et il y déploya tout à la fois tant d'a-
dresse, de vigueur et de persistance, qu'il fut
dès lors accepté comme le champion le plus
fidèle de la corporation, et le défenseur le plus
redoutable de son honneur et de ses prérogatives.

La commission, cette fois, ne devait être composée que de quatre membres; l'élection se fit selon les usages ordinaires, c'est-à-dire chaque docteur présent déposa dans un chapeau une liste de quatre noms, et le dépouillement de toutes ces listes donna la presque unanimité aux docteurs Piètre et Moreau de l'ordre des anciens, et Barralis et Gui Patin de l'ordre des jeunes.

Ce dernier fut chargé de la confection du rapport qui devait être lu à la Faculté, le samedi suivant, dans une troisième et dernière séance préparatoire. Le rapporteur ne faillit pas à la mission dont il était l'instigateur, et qu'il avait briguée avec le désir d'une haine à satisfaire et avec l'ardeur d'une vengeance à contenter.

— Messieurs, dit-il quand il fut arrivé au paragraphe relatif aux fils de son ennemi, les deux frères Renaudot, Isaac et Eusèbe, réunissent les conditions d'âge et d'études nécessaires pour se présenter aux examens du baccalauréat : l'un est âgé de vingt-sept ans, et l'autre de vingt-six; tous deux sont maîtres-ès-arts de l'Académie de Paris, et sont munis des certificats constatant leurs quatre années d'études dans cette académie.

Mais le lustre dont est entourée la Faculté de médecine de Paris ne se tire pas seulement de la science et du savoir dont font preuve ses membres; il se tire aussi de l'honneur et de la dignité qui, d'âge en âge, se transmettent intacts dans notre corporation. — C'est un héritage sacré que nous avons reçu de nos pères ; c'est un bien inviolable que nous devons léguer à nos descendants.

Sous ce rapport, Messieurs, les sieurs Renaudot ne remplissent plus les conditions nécessaires pour entrer dans notre docte et honorable compagnie. Ils sont affiliés à un *trafic* et *négociation* tendant à *vendre des gazettes* ; à *enregistrer des valets, des terres, des maisons, des gardes de malades ; à exercer une friperie ; prêter argent sur gages, et autres choses indignes de la dignité et de l'emploi d'un médecin*... (Textuel.)

— C'en est trop ! interrompit une voix stridente partant du milieu de la foule.

Et comme surexcités par cette interruption, et pour la réprimer sans doute, tous les docteurs régents se levèrent, et, sans un signe du doyen, se fussent précipités sur le malencontreux interrupteur.

— Qui se permet, dit le doyen, de troubler ainsi l'ordre de nos séances ?

A ces mots un homme, dont la figure était injectée par la colère, s'avança résolument vers l'hémicycle, et, au moment où il allait répondre à Boujonier, se trouva retenu et enlacé par les deux frères Renaudot.

— Mon père, lui dit Isaac, au nom de notre amour, reprenez votre calme, et sortons.

— Soyez assez grand pour dédaigner la calomnie, ajouta Eusèbe.

Et, comme fortifié par le dévouement de ses enfants, et rasséréné par leurs caresses, Théophraste Renaudot se laissa entraîner hors de la salle des délibérations.

Les docteurs reprirent leurs places; Gui Patin, à peine remis de son trouble, acheva la lecture de son rapport et eut l'honneur d'en voir voter, à l'unanimité, les conclusions, par lesquelles les sieurs Isaac et Eusèbe Renaudot étaient exclus, pour cause d'immoralité, des examens du baccalauréat en médecine.

CHAPITRE VII.

—

UN TALISMAN.

Depuis l'arrestation de Vaultier et son emprisonnement à la Bastille, Renaudot n'avait plus revu le médecin de Marie de Médicis; mais oubliant les injurieux soupçons dont il avait été l'objet, et mettant à profit la protection dont l'honorait Richelieu et l'amitié que lui portait le Père Joseph, il avait plus d'une fois, comme nous l'avons vu, sollicité l'élargissement de son confrère, et, si cette grâce lui avait toujours été refusée, il avait du moins obtenu quelques adoucissements à sa captivité et l'avait heureusement protégé contre les accusations du maréchal de Bassompierre.

Renaudot n'était animé, dans ce rôle de médiateur, par aucun intérêt personnel; il obéissait au sentiment d'une confraternité d'autant plus impérieuse, que Vaultier était étranger à la Faculté de Paris, son ennemie implacable, et qu'il avait, comme lui, embrassé la cause de l'antimoine. D'ailleurs, Renaudot ne mettait aucune ostentation dans l'accomplissement de ce qu'il regardait comme un devoir, et sans les indiscrétions de ses protecteurs, surtout du Père Joseph, le prisonnier n'eût jamais su à qui il était redevable des soins et des attentions que l'on avait pour lui.

Malgré ses antipathies politiques, Vaultier avai bien été forcé de modifier ses opinions à l'endroit de son confrère Renaudot, et de reconnaître que la démarche de celui-ci, le jour même de son arrestation, n'était point un piége, comme il l'avait cru, mais un dévoûment auquel il ne pouvait pas ne pas rendre hommage. Sa reconnaissance s'était encore accrue de tous les bons offices que lui rendait discrètement Renaudot et qui avaient à ses yeux d'autant plus de prix, qu'il savait que leur poursuite exposait son confrère à perdre la faveur dont il était comblé. Aussi, épiait-il religieusement l'occasion de faire éclater sa gratitude, et ce fut avec une véritable joie d'enfant qu'il apprit, en 1634, que son ami, Charles Guillemeau, venait d'être nommé doyen de la Faculté de médecine de Paris.

Aussitôt, il écrivit à Renaudot et le pria de le venir voir à la Bastille.

Renaudot n'avait point oublié la morgue avec

laquelle l'avait reçu, le jour même de son arrestation, le médecin de Marie de Médicis, et il ne fallut rien moins, pour le décider à se rendre à l'invitation de Vaultier, que le profond sentiment de commisération qu'inspire toujours la position d'un prisonnier.

Dès qu'il fut introduit dans l'appartement qu'occupait Vaultier, celui-ci courut à lui le sourire sur les lèvres, et, lui tendant les mains d'une manière toute gracieuse :

— Je vous remercie, lui dit-il affectueusement, d'avoir répondu à mon appel et de me procurer ainsi l'occasion de vous montrer ma gratitude et mon amitié.

— Ce langage, répondit Renaudot visiblement étonné, a lieu de me surprendre après les sentiments que vous m'avez manifestés lors de notre dernière entrevue.

— Vous avez trop la connaissance des hommes et des choses, répliqua Vaultier, pour ne pas faire la part des circonstances exceptionnelles où je me trouvais à cette époque ; et d'un autre côté, j'aime à croire que vous avez de moi une assez bonne opinion pour ne pas me supposer insensible aux procédés délicats dont vous me comblez depuis ma captivité.

— Je pourrais, à l'exemple des docteurs de

l'*Ecole* de Paris (1), fit ironiquement Renaudot, me prévaloir d'un sentiment de confraternité qui n'est pas dans leurs cœurs et me glorifier d'un désintéressement dont je célerais les bénéfices ; mais je préfère, comme dans notre dernière entrevue, ne recourir qu'à la franchise et vous répéter que la communauté de nos intérêts est le mobile de toutes mes démarches en votre faveur.

— J'ai fini par comprendre la justesse de votre raisonnement, et dès aujourd'hui j'apporte à la cause commune mon concours le plus entier et le plus dévoué, — malheureusement, ajouta Vaultier en promenant son regard autour de lui, ce concours, jusqu'à ce qu'il plaise à monsieur le cardinal d'en décider autrement, sera bien plus un désir qu'une réalité, à moins, cependant, que vous ne consentiez à ce que j'use de toute mon influence pour introduire nos soldats dans la place ennemie.

— Daignez m'expliquer vos desseins, demanda Renaudot, devenu plus attentif.

— Charles Guillemeau, poursuivit Vaultier, qui vient d'être nommé doyen de la Faculté de médecine, est depuis longues années mon ami

---

(1) C'est l'expression dont Renaudot se sert dans tous ses factums, pour désigner dédaigneusement la Faculté de médecine.

le plus intime. Je l'ai connu sous le feu roi, alors
que son père, Jacques Guillemeau, était chirur-
gien d'Henri IV, et je ne suis peut-être pas tout
à fait étranger à la position qu'il occupe près de
Sa Majesté Louis XIII. C'est le seul ami qui soit
resté fidèle à mon adversité ; et si le roi, ajouta
malicieusement Vaultier, pouvait quelque chose
dans les affaires de l'Etat, je ne doute pas que
son médecin ordinaire n'eût obtenu mon élargissement. De votre côté, vous avez fait aussi pour
cela tout ce qu'il vous était possible, et, afin de vous
en marquer ma gratitude, j'ai résolu de recourir,
pour la première fois, à l'amitié de Guillemeau et
de lui demander tout son concours pour faciliter
à vos fils l'obtention des grades universitaires.

Renaudot avait pour ses enfants une affection
qui ressemblait à un culte. Pour leur bonheur et
leur prospérité, il eût, sans aucune sorte de regret, fait l'entier sacrifice de ses rêves de gloire et
de fortune ; aussi accorda-t-il la plus sympathique
attention à une proposition qui intéressait si fort
l'avenir de ses fils, et, se rapprochant de Vaultier :

— Ce que je n'ai pas fait et ce que je ne ferai
jamais pour moi, dit-il, je suis tout disposé à
l'entreprendre pour mes enfants, car je les veux
mettre à l'abri des haines et des tracasseries qui
me poursuivent et que, pour mon compte, je bra-
verai jusqu'à ma dernière heure. Cependant, pour

accomplir ce devoir, il me faut savoir les conditions que vous mettez à la faveur dont vous voulez bien m'honorer, et le prix auquel MM. les
docteurs de Paris consentiront à être justes.

— Pour ce qui me concerne, répondit Vaultier, je ne mets à mon concours d'autres conditions que celle de vous charger, pour Guillemeau,
d'une lettre que je ne puis remettre moi-même.
Quant à la Faculté, j'ignore et ne vois pas les
conditions qu'elle vous pourrait imposer.

Et, prenant dans son secrétaire un papier préparé à l'avance :

— Voici ma lettre pour Guillemeau, dit-il

Et se ravisant tout à coup :

— L'affaire, reprit-il, est assez grave pour frapper le grand coup. Si le doyen hésite, s'il vous
fait des objections, gardez-vous bien de lui répondre ; remettez-lui seulement l'objet que je
vais vous confier, c'est un talisman infaillible
pour obtenir toutes ses faveurs.

Et, prenant au fond de son portefeuille un carré
de papier bleu sur lequel étaient tracés des signes
bizarres et inconnus :

— Avec ceci, dit-il, Guillemeau sera votre
plus chaud défenseur.

Renaudot était sous l'empire d'un étonnement
qu'il ne put cacher.

— Il n'y a point de magie en toute cette af-

7.

faire, dit Vaultier en riant, mais seulement un secret dont je ne suis pas le maître et qui me donne sur Guillemeau une influence qui n'a rien de diabolique.

Et comme Renaudot hésitait :

— Votre conscience et votre honneur, poursuivit-il, peuvent accepter sans crainte le léger service que je vous offre, d'autant mieux que votre visite au doyen, justifiée par ma position de prisonnier, n'est ni une amende honorable pour votre passé, ni une renonciation à vos affaires du présent, ni un engagement pour l'avenir. Cette démarche que je vous éviterais même si M. de Richelieu avait fait droit à vos sollicitations, vous la devez accomplir, car elle est tout entière dans l'intérêt de vos enfants.

Ce dernier argument était la considération la plus puissante pour décider Renaudot. — Il ne savait rien refuser quand il s'agissait d'Eusèbe et d'Isaac. — Il prit donc la lettre et le talisman que lui présentait Vaultier, et, après avoir exprimé à celui-ci tous ses sentiments de reconnaissance, il quitta la Bastille et se dirigea vers la demeure de Charles Guillemeau, qui était, à cette époque, sur la place du Chevalier-du-Guet.

Charles Guillemeau reçut d'abord Renaudot avec toute la morgue et l'aigreur que l'on me en usage avec ses ennemis, et ne prit envers lui un ton et des paroles convenables qu'après lecture faite de la lettre de Vaultier.

— Monsieur, lui dit-il, malgré la diligence et l'ardeur avec lesquelles je soutiendrai votre cause, je crains, tant la Faculté considère son honneur engagé dans le procès, je crains de ne pouvoir faire tout ce que me demande votre protecteur et mon ami.

— Cependant, Monsieur, répondit Renaudot, en admettant que je sois répréhensible, mes enfants ne doivent point porter la peine de mes fautes......

— Peut-être, interrompit le doyen, car, si la gloire d'un père rejaillit sur ses fils, il est de toute justice qu'une part du blâme encouru par le père retombe aussi sur eux.

Renaudot ne pouvait se méprendre à la portée de ces paroles, et, suivant le conseil donné par Vaultier, il rompit une discussion qui l'éloignait du but qu'il poursuivait, et présenta, sans mot dire, le papier bleu à Charles Guillemeau. A cette vue, celui-ci se troubla; il fixa un regard scrutateur sur Renaudot, dont l'impassibilité déjouait toute surprise, et, après avoir plus sévèrement constaté l'identité du talisman :

— Monsieur, dit-il à son visiteur, vos deux enfants seront bacheliers.

— C'est bien, dit Renaudot, comme s'il eût

été initié au mystère dont il tirait si grand bénéfice; mais profondément étonné, en réalité, de
la puissance magique du talisman.

Et comme il allait se retirer :

— Monsieur, lui dit Guillemeau, êtes-vous
depuis longtemps et intimement lié avec Vaultier ?

— Je ne l'ai vu que deux fois en ma vie,
répondit Renaudot : le jour de son arrestation où
je voulus le sauver, il refusa ; et aujourd'hui où
il m'a offert de me servir et j'ai accepté.

— Ce papier dont il vous a chargé....

— J'ignore tout, interrompit Renaudot, comprenant les craintes de son interlocuteur ; j'accomplis en aveugle une mission que j'ai reçue.

— Vos enfants seront bacheliers, répéta Guillemeau, évidemment satisfait de l'ignorance de
Renaudot ; ce ne sera pas sans peine, ajouta-t-il
en reconduisant son visiteur, mais ils le seront.

Et, le cœur rempli d'un doux contentement,
Renaudot regagna d'un pas léger la maison du
Grand-Coq de la rue de la Calandre.

CHAPITRE VIII.

———

UN DÉBAT A LA FACULTÉ.

Quinze jours environ après la visite de Renaudot à Charles Guillemeau, une grande agitation régnait parmi les docteurs en médecine de la Faculté de Paris. Usant du droit que lui donnait l'article LXI des statuts ainsi formulé : *jus habeat* (Decanus) *convocandi facultatem, rogandi sententias, concludendi, et facultatis caput habeatur*, le doyen avait nominativement convoqué chacun de ses confrères, sans oublier les chanoines de Notre-Dame, qui, à cette époque, avaient le privilége de prendre part à tous les actes et à toutes les fêtes de la Faculté.

Quoique le but de la réunion n'eût point été spécifié par le grand bedeau chargé de la convocation, nul n'ignorait qu'il s'agissait du baccalauréat des fils de Renaudot, et chacun se disait confidentiellement que Richelieu était intervenu dans l'affaire et avait intimé l'ordre au doyen de délivrer à ses protégés le grades universitaires.

Gui Patin était l'instigateur de ces bruits, qu'il répétait à chaque nouvel examen des fils de Renaudot, et qu'il nous a conservés dans plusieurs endroits de ses lettres : « Le plus puissant homme, dit-il, qui ait été depuis cent ans en Europe, sans avoir la tête couronnée, a été le cardinal de Richelieu. Il a fait trembler toute la terre ; il a fait peur à Rome ; il a rudement traité et secoué le roi d'Espagne, et, néanmoins, il n'a pu faire recevoir dans notre compagnie les deux fils du gazetier qui étaient licenciés et qui ne seront de longtemps docteurs (1). »

Rien ne prouve la vérité de l'assertion de Gui Patin, pour l'époque du moins à laquelle nous sommes arrivés ; tout porte à croire, au contraire, que l'idée de faire intervenir Richelieu dans les affaires d'une corporation qui ne reconnaissait d'autre maître qu'elle-même, était une tactique adroite pour s'assurer la victoire. La prétendue pression du ministre devait irriter ces hommes si fortement attachés à leurs priviléges et les pousser à une résistance absolue ; de plus, ce stratagème appelait sur la cause des fils de Renaudot la réprobation qui s'attachait aux actes

---

(1) *Lettres*. Ed. Baillière, t. I, p. 347.

de Richelieu, et donnait aux premiers tous les ennemis qu'avait le second, lesquels formaient un parti considérable que l'on appelait le parti de l'*aversion*. Les *aversionnaires*, comme on disait à l'époque, comptaient parmi eux un grand nombre de médecins, et c'était avec un machiavélisme bien calculé que Gui Patin avait associé dans la même cause le cardinal ministre et l'ennemi qu'il voulait perdre.

De son côté, Guillemeau n'était pas resté inactif : son âge et surtout sa qualité de doyen lui donnaie une influence, disons mieux, une autorité qui en eût imposé à un esprit moins actif, moins insinuant et moins vindicatif que celui de Gui Patin. — La raison parlait par la bouche de Guillemeau, la passion par celle de son confrère; aussi, la Faculté de médecine de Paris, selon que ses membres étaient plus accessibles à la raison ou à la passion, se divisait-elle en deux camps que l'appoint des chanoines de Notre-Dame rendait à peu près égaux.

Ceux-ci, depuis longtemps, ne faisaient plus qu'user de leurs priviléges, et, étrangers aux choses de la médecine, n'apportaient aux actes de la Faculté, qu'un esprit ennuyé qu'ils plongeaient bientôt dans le plus profond sommeil. Ils n'acceptaient le poids de cet ennui que parce que leur présence aux examens leur donnait le droit d'assister au repas que chaque récipiendaire était tenu d'offrir à ses juges ; et dans ces banquets, où la folle gaîté le disputait à la bonne chère, les chanoines n'avaient garde de dormir et prenaient au contraire la part la plus grande aux munificences de l'amphitryon.

Dans la question qui allait s'agiter, l'indécision n'était pas possible de leur part : d'un côté il y avait promesse d'un double festin ; de l'autre, certitude d'abstinence. — Une hésitation n'était pas admissible. — Guillemeau comptait donc sur les chanoines de Notre-Dame comme sur lui-même.

C'est au milieu de ces diverses préoccupations des esprits que s'ouvrit la réunion commandée par le doyen.

Celui-ci, revêtu de son costume ordinaire, la chausse écarlate, la robe et la toque, portait, appendues sur sa poitrine, au moyen d'une chaîne d'argent, les clés du sceau de l'Académie et de la Faculté, insignes du décanat qui n'apparaissaient que dans les graves circonstances.

Tous les docteurs, enveloppés dans leur robe rouge et coiffés de leur chapeau pointu, prirent place sur les gradins, et formèrent deux cercles dont l'un avait à son centre Gui Patin, et dont le milieu de l'autre était occupé par le doyen,

auquel les chanoines de Notre-Dame donnaient
force et faisaient cortége.

— Messieurs et chers confrères, dit Guillemeau d'une voix solennelle quand le silence fut
établi dans la salle, les suffrages dont, il y a quelques mois, vous m'avez honoré m'imposent la
douce mais difficile mission de sauvegarder l'honneur et la considération de notre compagnie ;
mais en même temps ils me font un devoir de
veiller aux intérêts de la justice et de ramener
nos décisions dans les limites de l'équité. Sous
ce rapport, des réclamations me sont parvenues,
et dans le monde on nous accuse d'obéir à de pe-
tites et haineuses passions plutôt qu'à la raison
et à la conscience. La dignité de notre profession
nous ordonne de confondre nos accusateurs et de
repousser des soupçons qui portent atteinte à la
sainteté de notre caractère.

— Expliquez-vous, interrompirent quelques
voix.

— Au fait sans détour, ajoutèrent quelques
autres.

— Parlez, répondirent les partisans du
doyen.

— Tenez ferme, clamèrent les chanoines de
Notre-Dame.

Et au milieu de ces interruptions, qui promet-
taient une séance orageuse, le pauvre Guillemeau

8

ne savait plus vraiment de quelle manière il pourrait aborder le difficile sujet de la réunion.

Une circonstance heureuse vint à son secours.

Les mules dont les médecins, à cette époque, se servaient pour parcourir les rues de Paris, avaient été laissées par leurs propriétaires dans la cour de la Faculté, les unes attachées à des anneaux scellés dans le mur et les autres confiées à la garde de domestiques, — on en comptait une centaine pressées dans l'étroit espace qui leur était réservé. — Grâce à une de ces circonstances fortuites si faciles à expliquer, le désordre se mit parmi les mules, qui se prirent à ruer et à hennir, et gagna bientôt les palefreniers, qui l'augmentèrent de leurs jurements et de leurs cris.

Les bruits du dehors parvinrent à l'assemblée au moment où le doyen allait reprendre la parole; les docteurs, dont les uns furent saisis d'effroi et dont les autres craignirent pour leurs mules, se précipitèrent presque tous au dehors de la salle des délibérations, n'écoutant plus Charles Guillemeau, que le devoir attachait au fauteuil de la présidence.

Les chanoines de Notre-Dame, fidèles à l'homme qui défendait leur cause et, d'autre part, n'ayant aucune mule à protéger, restèrent à leur poste en compagnie de quelques docteurs qui ne jouissaient pas du luxe d'une monture.

Le doyen profita adroitement de l'émotion qui s'était produite, et glissa sa motion subreptivement et au milieu de l'inattention de ses rares auditeurs.

Malheureusement pour lui, Gui Patin était au nombre de ces derniers ; presque seul au milieu de son camp, il engagea hardiment la bataille, espérant suppléer au nombre par la vigueur de ses coups.

— Si ce gazetier, s'écria-t-il, n'était soutenu de l'Éminence en tant que nebulo hebdomadarius, nous lui ferions un procès criminel, au bout duquel il y aurait un tombereau, un bourreau ou tout au moins une amende honorable (textuel) ; mais puisque l'honneur de la science ne peut être ainsi vengé, devons-nous nous avilir davantage encore en introduisant parmi nous ce trafiquant de toutes choses ?

— Non, non, crièrent les docteurs qui commençaient à rentrer.

— Il ne s'agit pas de Renaudot le père, observa un chanoine.

— Les fils ne sont pas responsables des fautes de leurs parents, observa un autre chanoine.

— La honte, riposta Gui Patin, qu'elle vienne du gazetier le père ou des gazetiers les fils, est la même et ne doit point nous braver.

Il est impossible, on le comprend, de traduire

le tumulte au milieu duquel s'échangeaient de
semblables paroles ; la gravité et le calme étaient
bannis de tous les esprits ; les clameurs les plus
confuses éclataient sur tous les points de la salle,
et bientôt les membres de cette assemblée tumultueuse, ajoutant le geste aux vociférations, se mirent debout, descendirent dans l'hémicycle et se
menacèrent du poing.

La confusion était extrême.

La voix de Guillemeau était impuissante à se
faire entendre et à calmer la tempête soulevée.

Il était évident que les ennemis de Renaudot
étaient en force, et qu'au premier moment de
calme, si le scrutin était possible, la motion du
doyen serait repoussée, et l'exclusion des fils du
gazetier maintenue.

L'ami de Vaultier vit le danger : ne pouvant
plus compter sur le succès, il voulut au moins
gagner du temps et mieux préparer son terrain
pour une seconde tentative.

En conséquence, avec l'aide du grand bedeau
et grâce aux efforts de tous les appariteurs, il
parvint à ramener un peu de calme, dont ses adversaires espéraient profiter pour recourir au
scrutin.

— Messieurs, dit-il, quand sa voix put se faire
entendre, l'article XXIV de l'appendice de nos
statuts est ainsi formulé : *Doctores ad facul-*

tatis comitia vocati graviter et honestè se ge-
rant, consilia sua de re propositâ tranquillè,
placidè, sigillatim et ordine exponant, nec
quisquam collegœ sententiam interrumpat :
ab istiusmodi consessibus procul absint tu-
multus, injuriœ, probra, jurgia, maledicta.
Or, l'article du réglement n'étant point observé
et toute discussion étant impossible, je renvoie le
débat à un autre jour, et je lève la séance.

Il est inutile de faire observer que Guillemeau
n'acheva pas sa phrase, — si toutefois il l'acheva, — au milieu du silence et du recueillement :
les cris, les apostrophes et les injures retentirent
en tonnerre ; les amis de Gui Patin se précipitèrent comme une avalanche vers le bureau du
président ; mais celui-ci, avant même d'attendre
le résultat de sa décision, s'était couvert et pru-
demment dérobé à toute violence.

Les chanoines l'avaient suivi dans sa retraite,
protégés par le grand bedeau, qui ferma derrière
eux la porte, confident de leur fuite.

— C'est partie remise, dit Gui Patin en se re-
tirant ; mais je jure mon âme que ce n'est point
partie perdue.

CHAPITRE IX.

—

CE QUE FEMME VEUT DIEU LE VEUT.

Bien que les nécessités de sa profession l'appelassent dans tous les quartiers de Paris, Gui Patin semblait depuis quelque temps affectionner plus particulièrement le Marais, où il se rendait régulièrement trois fois par semaine. Ces visites fréquentes, si elles avaient la médecine pour prétexte, tendaient évidemment à un autre but, car elles étaient enveloppées d'un mystère étrange à une époque où les médecins étalaient une vaine ostentation dans l'exercice de leur profession. Ce mystère n'était cependant pas assez impénétrable pour que le mobile de Gui Patin eût entièrement échappé à la perspicacité de quelques-uns de ses amis, et il lui arrivait parfois, comme le jour où nous allons reprendre notre récit, qu'une indiscrétion amicale l'avertissait de ne pas trop compter sur le secret de sa conduite.

Or donc, ce jour-là, au moment où il quittait

la rue Saint-Antoine pour entrer dans l'impasse
Gueménée, une voix bien connue l'arrêta au
passage.

— Eh! eh! maître Patin, lui dit-on en riant,
le cas est donc bien grave que vous n'ayez pas
même pris le temps d'attendre votre mule ?

— Une fièvre maligne, répondit Gui Patin en
tendant la main à son interlocuteur, en qui il venait de reconnaître son confrère Barralis.

— Une fièvre maligne ! répliqua celui-ci toujours en riant, ne serait-ce pas plutôt une fièvre
d'amour ?

Guî Patin porta son doigt indicateur au devant
de ses lèvres, comme pour arrêter toute indiscrétion, et, se penchant vers Barralis, il ouvrit un
entretien à voix si basse qu'il nous est impossible de le redire.

Attirée sans doute par le bruit des pas de la
mule montée par Barralis, une jeune femme, au
moment où les deux médecins stationnaient à
l'entrée de l'impasse, était apparue à la fenêtre
d'un premier étage et, après avoir reconnu Gui
Patin, s'était élancée vers une ottomane sur laquelle était nonchalamment étendu un beau jeune
homme aux traits délicats et aux cheveux blonds
et bouclés.

— C'est lui, dit-elle en prenant dans ses mains
la tête du jeune homme et y déposant un baiser ;

entre dans cette pièce secrète, et d'avance, âme de
ma vie ! je te salue bachelier en médecine. .

— Par la pâque Dieu ! s'écria le bel adolescent
en se soulevant sur l'ottomane , l'occasion est
tentante pour donner à M. Patin une leçon de
politesse.

— Vous avez des idées étranges, répondit la
jeune femme en entourant de ses bras le cou du
eune homme ; est-ce en battant un de vos futurs
confrères que vous voulez entrer dans la carrière
médicale ?

— Marion ! fit le jeune homme en serrant les
poings.

— Et dans quelle galanterie, poursuivit la
jeune femme, avez-vous trouvé le secret de remplir de scandale et de bruit la maison d'une
femme, cette femme fut-elle Marion Delorme !...

— Marion ! Marion ! répéta le jeune homme
en cachant sa tête dans le sein de la courtisane,
un sentiment de jalousie bien plus qu'une pensée
de haine m'a soufflé la folie de tout à l'heure.

— Enfant, dit Marion Delorme en entraînant
le jeune homme vers le cabinet dont elle venait
de parler, n'est-ce pas pour toi, n'est-ce pas pour
ton avenir ?

Et, passant ses mains dans les boucles de se
blonds cheveux.

— A tantôt, dit-elle, ô mon beau bachelier !!

Et, ayant fermé le cabinet, elle vint à son tour s'étendre sur l'ottomane.

En ce moment, Gui Patin annonçait sa présence par un léger coup frappé à la porte.

— Entrez, dit Marion Delorme.

Et, faisant au médecin une moue charmante :

— Il est bien temps d'arriver, dit-elle avec un accent parfaitement joué de dépit.

Notre docteur ne s'attendait pas à une semblable réception, car, se hâtant de prendre une main qu'on ne lui tendait point :

— Vous avez daigné, lui dit-il, vous apercevoir de mon absence ?

— Mieux encore, docteur, répondit la jeune femme toujours sur le même ton, j'ai acquis la certitude que vous ne m'étiez pas indispensable.

— Je n'ai jamais eu la prétention, répliqua Gui Patin piqué au jeu, de me croire nécessaire; cependant l'amitié que je vous ai vouée me semblait donner plus de prix à mon ministère, et je serai aise de savoir qui peut ainsi diminuer la valeur des soins que vous voulez bien accepter.

— Vous prenez, fit Marion se soulevant sur

l'ottomane, un ton solennel dont s'effrayent mes sentiments.

— Et vous, répliqua Gui Patin, vous avez un accent railleur dont mon affection s'effarouche.

— Mais aussi, reprit la jeune femme en tendant la main à son interlocuteur, vous me laisseriez mourir sans secours.

— Le pouvez-vous croire, Marion ? répondit le docteur en portant à ses lèvres la main qu'on lui avait offerte.

— Aujourd'hui même m'en a fourni la preuve.

— Comment donc, ma toute belle !

— Ce matin, voulant essayer le carrosse que m'a envoyé hier le marquis de Savigny, je me suis fait conduire au cours, en suivant la ligne des quais. Sur le marché Neuf, presque au détour du Petit-Pont, mes chevaux se sont emportés et m'eussent, à coup sûr, jetée dans la rivière sans les efforts vigoureux de deux hommes qui les ont arrêtés. Je me suis crue perdue, et l'émotion que j'en ai ressentie a été si violente que l'on m'a trouvée sans vie au fond de mon carrosse. On m'a alors transportée dans une maison de la rue de la Calandre, où les soins les plus délicats et les mieux entendus m'ont été prodigués par un de vos futurs confrères.

— Pauvre Marion ! fit Gui Patin en serrant

affectueusement la main qu'on avait laissée dans la sienne.

— Quand je revins à la vie, reprit la courtisane, ma tête était sur les genoux d'un jeune homme, dont les secours, savamment et délicatement administrés, me remplirent d'admiration et de reconnaissance. — Votre jeunesse, lui dis-je, dès que je pus parler, contraste singulièrement avec votre science, et il n'est pas un docteur.....
— Docteur! interrompit-il, je ne suis pas même bachelier. — Et comme il accompagnait cette réflexion d'une intonation plaintive : — Qui vous empêche donc, lui demandai-je, de vous faire recevoir bachelier ? — Les docteurs de la Faculté, répondit-il ; ils me reprochent d'être le fils de mon père.

Gui Patin commençait à comprendre, et machinalement il abandonna la main qu'il avait jusqu'alors tenue dans la sienne.

Marion Delorme s'en servit pour s'asseoir sur l'ottomane, et regardant fixement son visiteur :

— En retour de la vie qu'il m'a rendue, dit-elle, j'ai promis à ce jeune homme le baccalauréat, et j'ai compté sur vous, ô mon ami, pour lui en aplanir la route.

— Mon dévouement, répondit Gui Patin, vous est tout entier acquis, et vous ne sauriez le mettre en doute sans me faire la plus grossière injure ;

cependant je crains qu'en cette circonstance, il ne dépende pas de moi...

— Vous vous hâtez trop dans vos excuses, interrompit la jeune femme, pour que je croie à la sincérité de votre dévouement.

— C'est que je prévois que vous allez me demander une chose impossible.

— Pourtant mon amour est à ce prix.

— Des conditions ! Marion.

— Oui, des conditions, répliqua la courtisane en se mettant debout ; j'ai promis le baccalauréat à mon sauveur.

— Son nom ?

— Eusèbe Renaudot.

— Jamais ! fit résolument Gui Patin, se mettant à son tour debout.

— C'est bien, dit Marion sans s'émouvoir davantage.

Et agitant une sonnette :

— Dame Rose, dit-elle à la servante qui se présenta, préparez mon costume de page et le jonc de madame de Combalet ; j'irai tantôt au Palais-Cardinal.

Gui Patin, visiblement ému, se prit à se promener dans la chambre, tandis que Marion fit mine de s'apprêter pour revêtir le costume qu'elle venait de commander.

Ce costume était celui sous lequel elle se ca

chait pour aller aux rendez-vous que Richelieu
lui donnait au Palais-Cardinal. La première fois
qu'elle y alla, le ministre lui fit, après l'entrevue,
compter cent pistoles par son valet de chambre
de Bournais. Marion les refusa avec mépris et
demanda à l'Éminence rouge s'il n'avait rien de
mieux à lui donner en souvenir de leur rencontre. Le cardinal chercha autour de lui, et, apercevant un jonc qui appartenait à madame de
Combalet, il l'offrit à Marion, qui l'accepta comme
un trophée, dit la chronique, et dont elle se servit
depuis lors avec orgueil. Ce jonc était très beau,
richement monté, et valait une soixantaine de
pistoles.

Gui Patin connaissait cette histoire, et il savait
que le jonc de madame de Combalet était la
clef qui ouvrait à Marion les portes secrètes
du Palais-Cardinal. La haine qu'il portait à Richelieu mettait en son cœur un ferment de jalousie dont il eût été peut-être incapable pour
tout autre amant de la courtisane, et il éprouvait
un profond dépit de partager avec le cardinal les
faveurs de sa maîtresse. Aussi, s'arrêtant tout à
coup en face de Marion :

— Vous n'irez point chez le cardinal, lui dit-il
en lui serrant convulsivement la main.

— J'irai, répondit résolument la jeune femme ;
j'ai promis à M. Renaudot de le faire admettre

9

au baccalauréat, et puisque vous me refusez votre concours, je vais solliciter celui du ministre.

— Mais tout ministre qu'il est, le cardinal ne peut rien sur notre compagnie.

— Peut-être ; dans tous les cas, je remplis un devoir de reconnaissance, et il faudra que le diable s'en mêle si je ne décide pas Son Éminence à user de toute son autorité.

— Mais en admettant qu'il veuille essayer la lutte, il mettra à son concours des conditions...

— Que je suis toute prête à accepter.

— Le procédé est au moins étrange, et je ne sais que vous au monde, Marion, à qui les infidélités assurent des amants.

— Ah çà ! mon cher docteur, dit la jeune femme en souriant, votre langage est bien plus étrange que mes procédés, et je vous saurai gré de m'expliquer les énigmes dont vous émaillez aujourd'hui votre galanterie.

— A l'ardeur avec laquelle vous protégez le fils du gazetier, il est difficile de se méprendre sur le mobile de votre conduite.

— De grâce, cher docteur, pas de circonlocution et parlez franc.

— Eh bien ! ce jeune homme est votre amant.

— Monsieur, dit solennellement Marion, vous

n'avez jamais compris mon cœur si vous l'avez
cru innaccessible à un sentiment de reconnais-
- sance, et je regretterai toute ma vie, parce qu'elle
me condamne dans votre estime, l'affection que
je vous ai vouée. Permettez-moi donc d'essayer
de reconquérir cette estime en ne vous accordant
plus désormais qu'une amitié sincère et parfaitement désintéressée.

Et elle se dirigea vers une pièce voisine.

Gui Patin la retint par le bras .

— Marion, lui dit-il, je vous crois et je voudrais pouvoir faire pour ce jeune homme ce que
vous me demandez.

— Laissez-moi donc alors me rendre chez le
cardinal, qui ne m'opposera pas de semblables
scrupules.

— Si vous saviez quelle est ma position dans
cette affaire...

— Je la sais, répondit froidement la jeune
femme, et c'est précisément pour cela que, comptant assez sur votre affection et les ressources de
votre esprit, j'ai engagé ma parole.

— Rien ne presse, dit Gui Patin heureux de
trouver un moyen de concilier toutes les exigences de sa position; et si vous vouliez différer votre
visite aux Palais-Cardinal, je parviendrais peut-
être à arranger cette affaire.

— Il faut consentir à toutes les concessions que

vous voulez, dit Marion avec un air câlin ; quand m'apporterez-vous votre réponse ?

— Dans trois jours.

— C'est bien ! et jusque-là je vous jure de ne pas me servir du jonc de Mme de Combalet.

— Dans trois jours, répéta Gui Patin en déposant un baiser sur le front de Marion Delorme.

Et il s'éloigna de la chambre de sa maîtresse.

Celle-ci courut ouvrir le cabinet où était enfermé le jeune homme, et prenant sa tête blonde dans ses deux mains :

— Je te salue, s'écria-t-elle en riant, ô mon beau bachelier en médecine.

— Et maintenant, reprit-elle après avoir donné et reçu un baiser, et maintenant aux Porcherons !!

CHAPITRE X.

—

LA LICENCE.

La séance orageuse de la Faculté de médecine à laquelle nous avons précédemment fait
assister le lecteur avait été suspendue pour cause
de désordre, ainsi que nous l'avons dit, et remise,
par ordonnance du doyen, au cinquième jour
précédant les calendes de décembre de cette
même année 1634.

Charles Guillemeau était loin d'être rassuré sur
le résultat de cette seconde réunion : l'acrimonie
et l'animosité qui avaient marqué la première
étaient incontestablement des présages funestes
et gros de tempêtes pour l'avenir.

Jusqu'au dernier moment, il espéra qu'un talisman nouveau viendrait balancer l'influence de
celui que lui avait remis Renaudot, et qu'il serait
ainsi dispensé de continuer une lutte où tous les
avantages semblaient être du côté de Gui Patin.

Il ignorait évidemment le concours que Marion
Delorme lui prêtait dans les mystères de l'alcôve.

Malheureusement pour le doyen, Vaultier n'envoya pas contre-ordre, et l'infortuné Guillemeau, de plus en plus convaincu de sa défaite à mesure qu'il approchait de l'heure du combat, conçut une suprême espérance, et résolut de fléchir, au lieu de l'abattre, l'animosité de Gui Patin.

La veille donc des calendes de décembre, il se rendit chez le collaborateur du médecin charitable, qu'il trouva au coin de son feu, dans ce cabinet du second étage orné des portraits d'Erasme, des deux Scaliger, etc., et dont nous avons précédemment parlé d'après Gui Patin lui-même.

Le cher ennemi des apothicaires, comme il se plaisait à se nommer, avait les pieds sur les chenets, la tête dans ses mains et semblait plongé dans de profondes réflexions. L'entrée de Guillemeau le tira de sa préoccupation; flatté de voir chez lui le doyen de la Faculté de médecine, il alla au devant de son visiteur avec une respectueuse déférence, et, après lui avoir offert le siége d'honneur, il lui laissa toute liberté de parole.

— Mon cher confrère, lui dit Guillemeau en s'asseyant, l'estime en laquelle vous tient la Faculté m'oblige à vous éclairer sur des soupçons que vous a inspirés ma conduite, et, sans avoir la prétention de vouloir modifier vos sentiments, j'ai à cœur d'édifier votre religion sur mes actes et mes paroles.

— Je n'ai jamais suspecté la pureté de vos intentions, répondit hypocritement Gui Patin, et je ne saurais, pour tout ce qui vous concerne, me séparer de la Faculté qui vous a nommé son doyen.

— Je m'efforce de me tenir à la hauteur des hautes fonctions dont je suis investi, et de transmettre intacts à mon successeur les priviléges de notre compagnie.

— Nul ne doute de votre sollicitude à cet égard, et l'on dit partout le plus grand bien de la vigoureuse réponse que vous préparez contre les attaques de Jean Courtaud.

— J'y mets toutes mes forces et tout mon zèle, observa Guillemeau avec une modestie feinte, et j'espère qu'inspiré par le sujet et soutenu par mes confrères, je réduirai à néant les ridicules prétentions de la Faculté de médecine de Montpellier.

— Avec un défenseur tel que vous, répondit malicieusement Gui Patin, la Faculté de Paris n'a rien à craindre d'un adversaire dont les factums ne sont remarquables que par des barbarismes et des solécismes (1).

---

(1) Guillemeau fit des barbarismes de Courtaud le

— Sans doute, observa adroitement Guillemeau, Courtaud n'a ni votre érudition, ni votre
connaissance de l'antiquité, mais c'est un rude
joûteur, contre lequel, si vous le permettez, je
viendrai vous demander des armes.

— Pas n'est besoin, car vous avez dans l'esprit
des ressources infinies et des moyens tout à fait
imprévus, dit malicieusement Gui Patin en faisant allusion à la brusque sortie du doyen lors du
débat à la Faculté que nous avons rapporté plus
haut.

— Je serai d'autant plus forcé de m'adresser à
vous, poursuivit Guillemeau sans paraître avoir
compris l'intention de son interlocuteur, que votre opposition dans notre dernière assemblée m'a
fait un rôle étrange, et que les motifs dont vous

---

sujet d'un de ses écrits polémiques, dont le titre seul,
que nous allons transcrire, donnera une idée du goût
et des querelles du temps; par les aménités contenues
dans le titre, on peut deviner celles que renfermait
l'écrit : *Margarita scilicet è sterquilinio et cloaiâ
Leonis.... Cotyttii Baptæ spurcidici, barbari solœ-
cistæ, imo holo, barbari holosolœci, verberonis Curti
(sive ejusdem Joh. Courtaud, med. Monspel.). He-
roardi, verissimi aniatri, indignissimi, quot fue-
runt, archiatri, ut vulgo loquuntur, nepotis puru-
lentia. Ad stolidos, lividos, indoctos, absurdos ejus
amatores, admiratores, buccinatores et infamis
operæ diribitores.*

vous prévalez blessent tout à la fois la vérité et mes sentiments propres.

— On peut différer d'opinion sans cesser de s'estimer, Monsieur le doyen.

— L'étrangeté de mon rôle, poursuivit Guillemeau, est de me voir attaquer la Faculté de Montpellier dans la personne de Courtaud, et de me la voir défendre dans celle de Renaudot; et l'odieux de cette affaire est de me dire contraint et forcé dans mes actes par M. de Richelieu.

Guillemeau se rapprocha de Gui Patin, que le ton solennel de son interlocuteur rendait attentif.

Il reprit à voix basse :

— Plus que vous, je hais le cardinal, et, au lieu de complaire à ses désirs, je me fais un devoir de lui résister dans les limites de mes forces.

Et, regardant fixement Gui Patin :

— L'admission des fils de Renaudot aux examens de notre Faculté, bien loin d'être réclamée par le cardinal, est au contraire une arme dont on veut se servir contre lui ; c'est à ce titre seul que je la défends....

Et après un moment de silence :

— M. Patin, reprit-il, vous avez trop d'indépendance dans l'esprit, et trop de fierté dans le caractère pour ne pas être de l'*aversion* ?

— Je m'estime heureux de voir mes sentiments d'accord avec les vôtres.

— En ce cas, au nom de ces sentiments et de notre haine commune, je vous demande le baccalauréat pour les frères Renaudot.

— Je suis tout disposé, répondit Patin, qui ne demandait pas mieux qu'on lui ouvrît une porte honnête pour se rendre aux désirs de Marion Delorme ; je suis tout disposé à m'unir à vous par les actes comme je le suis déjà par l'intention ; mais encore faut-il que je sente la main qui me pousse et que je voie le but à atteindre.

— Dans la conduite des affaires de la vie, répliqua confidentiellement Guillemeau, de celles surtout que le mystère environne, tout le monde ne peut être général. Je ne suis, en cette occurrence, qu'un obscur soldat, qui exécute aveuglément les ordres qu'il reçoit, et, en accomplissant la démarche que je fais auprès de vous, je ne veux qu'avoir la possibilité de me conformer à ces ordres.

— C'est donc à vous, personnellement, Monsieur le doyen, demanda Gui Patin enchanté de la tournure que prenait l'entretien, que reviendra le bénéfice de mon abstention?

— A moi personnellement, répondit Guillemeau, et je vous en devrai seul toute la reconnaissance.

— Je professe, dit hypocritement Gui Patin, trop de déférence pour les anciens de notre compagnie en général, et trop de respect pour vous, Monsieur le doyen, pour que je ne me fasse pas un devoir de me rendre à vos sollicitations.

— Monsieur Patin, dit Guillemeau ravi du résultat de sa démarche, je n'oublierai jamais cette condescendance, et dès ce jour vous avez en moi l'ami le plus fidèle et le plus dévoué.

— Il est bien entendu, reprit Gui Patin, qui voulait tirer parti de sa défaite en la mettant sur le compte de sa générosité; il est bien entendu que je ne cède ni devant l'influence du cardinal, ni devant l'insolence du gazetier, ni devant les menaces d'un pouvoir quelconque, mais que je me rends à vos sollicitations, et qu'en cela j'accomplis une chose qui vous est personnellement agréable.

— Je suis prêt à vous donner acte de ma gratitude.

— Votre parole me suffit, Monsieur le doyen; seulement, poursuivit adroitement Gui Patin, pour que ni vous ni moi ne soyons accusés d'avoir méconnu les intérêts et l'honneur de la Faculté, il faut, en vertu de l'art. XXIV de nos statuts, obtenir des fils Renaudot une déclaration par serment et par acte de notaire, qu'ils renoncent au trafic de leur père.

Sa qualité de doyen imposait à Guillemeau, plus qu'à tout autre, l'obligation de faire respecter le réglement. Celui-ci était formel; l'art. XXIV invoqué par Gui Patin était ainsi conçu : *Si quis inter Baccalaureos sederit, qui chirurgiam, aut aliam artem manuariam exercuerit, ad licentias non admittatur, nisi priùs fidem suam astringat publicis notariorum instrumentis, se nunquam posthac chirurgiam, aut aliam artem manuariam exerciturum : idque in collegii medici commentarios referatur. Ordinis enim medici dignitatem, puram integramque conservari par est.*

Gui Patin était aussi implacable dans sa haine, qu'il était habile dans sa conduite : non content de s'être ménagé une retraite honorable, il voulut que la victoire qu'il était forcé de céder coûta à son ennemi plus cher qu'une défaite véritable.

Devant cette exigence dont il prévoyait toutes les difficultés d'exécution, Guillemeau était devenu pensif.

— Cette déclaration, reprit Gui Patin, exigible au nom de nos statuts, est la seule arme défensive qui couvre notre responsabilité, et, plus que moi encore, vous êtes intéressé à l'obtenir.

— Sans doute, répondit Guillemeau; mais c'est imposer au cœur d'un fils une cruelle obligation.

— N'est-ce donc rien aussi que l'honneur d'appartenir à notre compagnie?

— Vous tenez donc à cette formalité ?

— Oui, car elle est dans vos intérêts plus encore que dans les miens.

— Alors, à bientôt, dit le doyen en se reti-
rant.

— A bientôt, répéta Patin.

Et, après avoir reconduit le visiteur jusqu'au
bas de l'escalier :

— Marion, Marion ! s'écria-t-il en rentrant
dans *son étude*, me tiendrez-vous au moins
compte de mon dévouement ?

Guillemeau ne s'était pas trompé : Renaudot
sentit tout ce qu'avait d'injurieux pour lui la
déclaration que l'on exigeait de ses enfants, et
lui opposa d'abord la plus vive résistance. Mais,
calmé peu à peu par les sages exhortations du
doyen, et poussé par le dévouement qu'il portait à ses deux fils, il fit complète abnégation de
lui-même, et donna son consentement à l'acte
que l'on demandait.

Isaac et Eusèbe déclarèrent donc, *par acte de
notaire et par serment*, comme le voulaient les
statuts, qu'ils renonçaient pour toujours au commerce et trafic de leur père.

De son côté, Gui Patin observa la promesse
qu'il avait faite à Guillemeau, et, le jour de la
séance, il prit médecine.

Pendant ce temps, les docteurs régents, réunis

à la Faculté, délibérèrent sur l'admission des fils
de Renaudot au Baccalauréat en médecine, et les
opposants, décontenancés par l'absence de leur
chef, et calmés par la déclaration *publicis notariorum instrumentis* dont nous venons de
parler, cédèrent au doyen une facile victoire.

La défaite de Gui Patin fut un triomphe : elle
le grandit dans l'estime de tous ses confrères, et
on lui sut gré d'avoir sacrifié sa vanité et sa haine
aux sollicitations d'un ancien de la compagnie,
tout en sauvegardant l'honneur de la Faculté. Le
rusé Picard se garda bien de repousser les bénéfices de ce rôle de victime sous lequel il pouvait
si soigneusement cacher les faiblesses de son
cœur, et prit soin, avec une humilité feinte, de
faire ressortir la grandeur de son sacrifice et
l'importance de sa soumission. Cette conduite lui
frayait sûrement la route du décanat, pour lequel
il avait à coup sûr autant d'ambition qu'il nourrissait de haine contre Renaudot.

Celui-ci, de son côté, après l'abnégation qu'il
avait accomplie, et toujours mu par l'intérêt de
ses enfants, évitait avec précaution tout ce qui
pouvait alarmer la susceptibilité de la Faculté :
hormis les gazettes qu'il n'avait pu discontinuer,
il avait fait silence dans la maison de la rue de
la Calandre, et tenait ses inventions en réserve
jusqu'au jour où il pourrait, sans dommage pour

ses fils, les reprendre publiquement et s'en faire
honneur et profit.

C'était donc un armistice qu'il avait con-
senti et qui ne se prolongea que pendant deux
ans et demi , de la fin de 1634 au milieu de
1637.

Dans les premiers mois de 1635, Isaac et Eusèbe furent admis aux examens du Baccalauréat
et reçus avec succès.

D'après les statuts de la Faculté, deux années
séparaient le Baccalauréat et la licence, pendant
lesquelles les bacheliers devenaient *émérites* en
employant leur temps à professer, à suivre les
hôpitaux et à argumenter entre eux.

Les deux frères Renaudot accomplirent ponc-
tuellement ces formalités; et quand vint la fête
de Saint-Pierre de l'année 1637, ils purent as-
pirer au diplôme de la licence.

Celui-ci, à l'époque dont nous parlons, s'obte-
nait à la suite d'un examen sur la pratique médicale (*examen de praxi*) que le candidat subissait,
pendant un entretien familier, dans la demeure
même de son examinateur : *ad examen parti-
culare admissi*, dit l'art. XXII des statuts, *singu-
lorum doctorum domos reverenter adeant, et ab
eis de praxi examinentur.*

Cet article, ainsi que beaucoup d'autres, fut
modifié dans la suite, le 6 août 1696, et les exa-

mens de la licence acquirent plus de durée, d'é-
clat et de publicité. Mais, nous le répétons, en
1637, au moment où se passe notre récit, la Faculté de médecine de Paris était régie par
les statuts de 1598, dont l'article XXII, que nous
venons de rapporter textuellement, imposait aux
candidats pour la licence une visite à chaque docteur, pendant laquelle l'entretien roulait sur la
pratique médicale.

Quand le fils aîné de Renaudot se présenta *re-*
verenter chez Gui Patin, celui-ci, croyant l'occasion favorable d'éclaircir certains soupçons, et
peut-être aussi de tirer une petite vengeance
d'un rival heureux, amena la conversation sur la
syncope et les accidents qui succèdent aux émotions violentes.

— Il y a à peu près deux ans, dit-il, une jeune
femme, effrayée par les chevaux de son carrosse,
fut apportée chez vous évanouie ; que fîtes-vous
pour la rappeler à la vie et lui rendre le plein
exercice de ses forces ?

Après avoir cherché quelque temps à rassembler ses souvenirs, Isaac avoua n'avoir point eu
connaissance du fait rapporté par Gui Patin, ou,
tout au moins, n'en avoir pas gardé la mémoire.

— Cependant, ajouta le docteur, la personne
dont il s'agit est trop remarquable pour que vous
ayez oublié cette aventure, et je m'étonne qu'à

votre âge, vous perdiez si vite le souvenir d'une
rencontre avec Marion Delorme.

— Marion Delorme ! s'écria le jeune homme ;
hélas! je ne la connais que trop par les folies dans
lesquelles elle a entraîné mon frère.

Gui Patin commençait à comprendre.

— Heureusement pour Eusèbe et pour nous,
poursuivit Isaac, M. Le Grand (1) a eu besoin de
se distraire des ennuis de la cour, et a bien
voulu se charger de la succession de mon frère.

— Ainsi, demanda Patin frémissant à la pensée d'avoir été joué par un rival heureux, cette
jeune personne, Marion Delorme, n'a jamais été
portée chez vous évanouie ?

— Tout m'autorise à croire que non, répondit Isaac, ignorant la scène que nous avons rapportée plus haut; car mon père, trop irrité par
les amours de mon frère, n'eût pas souffert un
pareil scandale dans son logis.

— C'est bien, dit Gui Patin en se levant.

Et pour cacher à son interlocuteur l'émotion à
laquelle il était en proie, il mit fin à l'entretien
en renvoyant son visiteur.

---

(1) Cinq-Mars, grand écuyer de Louis XIII, que
par abréviation on appelait M. Le Grand, eut avec
Marion Delorme des amours restées célèbres par la
jalousie qu'elles inspirèrent au roi.

Il eût bien voulu tirer vengeance de son rival
et de son mystificateur, mais, ayant promis à
Guillemeau de ne plus renouveler son opposition contre les fils de Renaudot, il vota en leur
faveur dans la séance solennelle où tous les docteurs régents réunis exprimaient leur opinion
sur les aspirants à la licence.

Au moment où le dernier vote venait d'être
recueilli dans le chapeau, un appariteur remit à
Guillemeau une lettre tout à la fois mystérieuse
et pressée.

A peine l'ami de Vaultier y eut-il jeté les
yeux, qu'il pâlit affreusement, et, se tournant
vers Gui Patin assis à ses côtés :

— Vengeance! lui dit-il, le gazetier nous a
trahis.

Mais il n'était plus temps; le scrutin était clos,
et le doyen, qui était alors Philippe Hardouin,
proclama licenciés en médecine les deux frères
Renaudot.

CHAPITRE XI.

—

L'HOSTEL DES CONSULTATIONS CHARITABLES.

Toutes les prospérités et tous les honneurs
semblaient arriver en même temps à Théophraste
Renaudot : ses entreprises industrielles, le bureau
d'adresses et le Mont-de-Piété se soutenaient dans
un état très florissant ; son œuvre littéraire, *la
Gazette,* prenait chaque jour nouvelle faveur
dans le public et continuait à jouir du patronage
et de la collaboration du roi et de son ministre ;
ses affaires médicales s'agitaient dans un cercle
de plus en plus large, grâce à l'engouement du
public pour l'antimoine, et grâce surtout aux consultations charitables ; enfin, l'admission de ses
enfants au baccalauréat et à la licence en médecine, en lui laissant entrevoir pour eux, dans un
avenir prochain, le bonnet de docteur, semblait
avoir mis le comble à sa félicité, quand une circonstance fortuite parut ranimer la haine de ses

ennemis et vouloir troubler la douce quiétude
d'une position si laborieusement acquise.

Depuis quelques mois et sans qu'il pût s'expliquer les motifs de la confiance tardive qu'il inspirait, il était devenu le médecin de Mlle Louise
de Lafayette, en remplacement de Charles Guillemeau, brutalement renvoyé. Aux diverses ques-
tions qu'il avait adressées pour pénétrer le secret
de sa rapide élévation auprès de la favorite, on
avait toujours répondu par des phrases évasives
dont il n'était pas la dupe, car il ne se faisait pas
illusion sur la contrainte que l'on essayait en
vain de dissimuler devant lui.

Dans ces temps d'intrigues, de complots et de
galanterie, il était dangereux de sonder trop profondément les mystères auxquels était mêlée Sa
Majesté Louis XIII, car on était sûr d'y rencontrer une robe rouge assez vaste pour couvrir tous
les échafauds, et assez écarlate pour absorber toute
tache de sang; aussi Renaudot, tout étonné qu'il
pût être, accepta-t-il silencieusement sa nouvelle
position, se conformant plus qu'en toute autre
occurrence aux prescriptions du serment d'Hippocrate qu'il avait prêté devant la Faculté de médecine de Montpellier (1).

_____

(1) Ce serment, qui se prête encore aujourd'hui à
Montpellier, est ainsi conçu : « En présence des maî-

Cependant, malgré cet effacement de sa personnalité, Renaudot ne put désarmer les attaques de ses ennemis, et, s'il les dédaigna d'abord, il dut leur prêter une oreille plus attentive quand on l'accusa d'être un espion de Richelieu et de n'avoir accepté la place de médecin de Mlle de Lafayette que comme une fonction de basse et infamante police.

Cette accusation le blessa d'autant plus profondément que, ayant toujours préféré la pauvreté à une richesse mal acquise, il avait longtemps supporté la misère afin de ne pas sortir de la route loyale et franche de la vie; et que c'était

---

tres de cette école, de mes chers condisciples, et devant l'effigie d'Hippocrate, je promets et je jure, au nom de l'Etre suprême, d'être fidèle aux lois de l'honneur et de la probité dans l'exercice de la médecine. Je donnerai mes secours gratuits à l'indigent, et n'exigerai jamais un salaire au-dessus de mon travail. Admis dans l'intérieur des maisons, mes yeux ne verront pas ce qui s'y passe; ma langue taira les secrets qui me seront confiés; et mon état ne servira pas à corrompre les mœurs ni à favoriser le crime. Respectueux et reconnaissant envers mes maîtres, je rendrai à leurs enfants l'instruction que j'ai reçue de leurs pères. — Que les hommes m'accordent leur estime, si je suis fidèle à mes promesses! Que je sois couvert d'opprobre et méprisé de mes confrères si j'y manque. »

seulement par le travail, par la persévérance et par les ressources de son esprit, sans cesse au grand jour et jamais dans l'ombre, qu'il était parvenu à se créer une position brillante, fructueuse et justement enviée.

La nouvelle calomnie qui le venait atteindre lui était donc très douloureuse, plus douloureuse à coup sûr que toutes celles dont on l'avait déjà abreuvé, et il eut hâte de confondre ses ennemis, en prenant vis-à-vis de Richelieu une position désormais innaccessible aux attaques injurieuses de ses adversaires.

A cet effet, il se rendit chez le ministre, auprès de qui ses fonctions de rédacteur des *Gazettes* lui donnaient un accès facile, et, l'ayant trouvé jouant avec sa chatte favorite, ce qui était d'un heureux augure, il lui exposa franchement les accusations dont il était la victime, et le pria de confier à un autre médecin les soins que réclamait Mlle de Lafayette.

Quand Renaudot eut cessé de parler, Richelieu déposa sur un édredon la chatte qu'il avait jusqu'alors gardée sur ses genoux, et ramenant sur son front la calotte de cardinal qu'il ne quittait jamais, il se tourna en face du médecin et lui dit :

— Vos désirs sont exaucés d'avance : Mlle Louise de Lafayette est depuis hier entrée au couvent de la Visitation sous le nom de sœur

Angélique, et vous êtes ainsi tout naturellement déchargé des soins qui vous pèsent.

Et après un moment de silence :

— Ne vous plaignez pas, poursuivit-il, du ministère que, pendant environ huit mois, vous avez rempli auprès de Mlle de Lafayette, car c'est après cette épreuve dont vous êtes sorti à votre avantage, que vous avez toute ma confiance et que je veux vous en donner le témoignage.

Notre confrère ne put dissimuler sur sa figure l'étonnement dont le remplissaient ces paroles, mais avant qu'il en pût articuler l'expression, Richelieu reprit :

— Je vous ai cru ligué avec mes ennemis et mêlé à quelqu'une de ces mille conspirations qui m'étreignent dans l'ombre sans pouvoir m'atteindre.

— Oh! Monseigneur! fit Renaudot, dont la curiosité croissante n'était pas sans quelque crainte.

— Vous sachant lié intimement et depuis longues années avec le P. Joseph, j'étais autorisé à vous croire le complice de ses absurdes folies et de son indigne trahison.

Richelieu se leva en proie à une vive émotion, et, après avoir fait quelques pas saccadés dans le cabinet, il reprit sa place en face de Renaudot.

— Oui, poursuivit-il, celui que j'appelais mon bras droit, pour qui je n'avais aucun secret, m'a trahi et a conspiré ma perte. Tandis que, pour obtenir le chapeau de cardinal et marcher de pair avec moi-même, il intriguait à Rome, promettant à Notre Saint-Père Urbain VIII l'alliance de la France et de l'Autriche au détriment de nos alliés naturels, les protestants de la Hollande et de l'Allemagne , il tramait ici une machination sourde, ayant eu l'adresse, grâce au concours du médecin Guillemeau, de mettre dans ses intérêts Mlle de Lafayette que Sa Majesté honore de sa haute faveur. Notre Saint-Père, comme pape et comme membre de la maison Barberini, trouvant un double intérêt dans les propositions du P. Joseph, allait céder la barette et me porter peut-être un coup mortel, quand toute cette odieuse intrigue m'a été découverte et dévoilée dans ses principaux détails. Je vous ai cru mêlé à cette affaire, d'abord à cause de l'amitié qui vous unit au P. Joseph ; puis à cause de l'intérêt que vous portez au médecin de la reine-mère, à ce Vaultier, qui, malgré les verrous de la Bastille, pactise avec tous mes ennemis; enfin, à cause de la protection éclatante que Charles Guillemeau a prêtée à vos fils dans la question du baccalauréat en médecine.

Richelieu alla reprendre la chatte sur l'édredon et, la plaçant sur ses genoux où il se mit à la flatter :

— L'homme, poursuivit-il, qui a l'arme puissante des *Gazettes* et auquel Sa Majesté et moi confions des mémoires qui renferment souvent des secrets d'État, ne doit point être de nos ennemis. Je n'avais sur vous que des soupçons, il me fallait une certitude. Je vous plaçai, en qualité de médecin, auprès de Mlle de Lafayette, et vous entourai d'une surveillance rigide, dont Boizenval pourra vous dire toute la minutieuse exactitude. Vous êtes sorti de cette épreuve avec honneur et je vous tiens désormais pour fidèle à votre devoir et à ma fortune.

Renaudot respira plus librement : quoique sa conscience n'eût à lui adresser aucun reproche, il n'avait pu écouter sans crainte le récit des soupçons dont il avait été l'objet.

Richelieu reprit :

— Votre conduite passée me donne des garanties pour votre conduite à venir; je veux vous associer à l'œuvre de régénération que je poursuis et vous faire travailler avec moi à la grandeur et à la toute-puissance de la France. Ecoutez-moi.

Il reporta la chatte sur l'édredon et revint ensuite reprendre sa place à côté de Renaudot, dont l'émotion était extrême.

Richelieu poursuivit :

— La France, que son génie plus encore que
sa position géographique doit faire la première
nation de l'Europe, est dans une infériorité re-
lative dont la cause unique est l'absence de toute
homogénéité. L'Etat est divisé en une foule d'E-
tats qui se jalousent, se font la guerre et s'affai-
blissent mutuellement, au grand avantage et contentement de l'étranger, qui s'empare ainsi de
nos frontières, quand il n'est pas appelé par les
partis rivaux au cœur même du pays. Les nobles,
maîtres de la province par les grands comman-
dements dont ils sont investis, s'érigent en souverains et tiennent en échec l'autorité royale ;
les magistrats, constitués en compagnies puissantes, s'immiscent dans les affaires publiques et
cassent ou approuvent, selon leur bon plaisir, les
volontés du roi ; le clergé, plus italien que français, n'a d'autres inspirations que celles que lui
souffle la cour de Rome ; l'université, retranchée
dans ses privilèges et ses statuts surannés, prétend ne relever que d'elle seule, et serait encore
capable d'imposer au roi une caution d'argent
pour le prêt d'un de ses livres(1); partout l'anar-

_____

(1) La circonstance à laquelle il est fait ici allusion,
remonte à 1471. A cet époque, Louis XI voulant avoir
les œuvres de Rhazès dans sa bibliothèque, députa le

chie! partout le désordre! Quand la confiance de Sa Majesté m'appela à diriger les affaires, les provinces étaient au pouvoir des plus puissantes familles — vous en avez peut-être oublié les noms, en voici le tableau fidèle.

Richelieu prit dans un tiroir de son secrétaire, un registre contenant les noms des gouverneurs de provinces qu'il avait trouvés en charge lors de son entrée au ministère, et le mit sous les yeux de Renaudot; il était ainsi conçu :

GOUVERNEURS :

Isle de France. . . .	le duc de Montbazon.
Orléanais.	le comte de Saint-Pol.
Berry	le prince de Condé.
Bretagne.	le duc de Vendôme
Normandie.	le duc de Longueville.
Picardie.	le duc de Luynes.
Champagne.	le duc de Nevers.
Metz, Toul et Verdun.	le duc de La Valette.
Bourgogne.	le duc de Bellegarde.

président de la Cour des Comptes, Jean Ladriesse, vers la Faculté de médecine, afin d'obtenir qu'on lui prêtât l'exemplaire que la Faculté possédait et le faire transcrire. La Faculté ne consentit à ce prêt que moyennant une caution de douze marcs de vaisselle d'argent et un billet de cent écus d'or, qu'un riche bourgeois nommé Malingre souscrivit, pour le roi en cette occasion.

Auvergne. . . . . . . le duc de Chevreuse.
Le Maine. . . . . . . le prince de Guémenée.
Anjou. . . . . la reine douairière.
Dauphiné. . . . . . . le comte de Soissons.
Provence. . . . . . . le duc de Guise.
Languedoc. . . . . . le duc de Montmorency.
Limousin, Saintonge
   et Angoumois. . . le duc d'Épernon.
Poitou . . . . le duc de Rohan.
Béarn. . . . . le duc de La Force.

Richelieu continua :

— L'ancienne politique des rois de France était d'opposer la magistrature à la noblesse, une corporation à une autre corporation et de balancer les unes par les autres ces diverses puissances, afin de les empêcher de s'unir contre l'autorité royale. A ce système rien ne s'est amoindri que la royauté et la France, qui bientôt même auraient disparu l'une et l'autre dans le sang et la honte, sans l'énergique volonté que depuis 10 années j'oppose à nos ennemis. J'ai créé les intendants des provinces chargés de sévir contre les gentilshommes qui ne se soumettaient pas aux lois ; j'ai chassé du conseil et des hauts emplois les princes et les grands qui prétendaient à l'indépendance ; les uns sont morts, les autres dans l'exil : la mère du roi, mon implacable ennemie, après avoir longtemps erré dans les Pays-Bas, se meurt de misère à Cologne, chez son peintre Rubens ; son indigne fils, Gaston d'Orléans, ne doit la vie qu'à sa lâcheté qui nous livre et nous livrera toujours ses complices ; les deux frères naturels du roi, le comte de Moret et le duc de Vendôme, condamnés à mort par lettres patentes, sont réfugiés en Angleterre ; le duc de La Valette, beau-frère du roi, est aussi en Angleterre ; la maison de Lorraine est dispersée : le duc de Guise et son cousin le duc d'Elbeuf, sont en Flandre ; la duchesse de Chevreuse, mon ennemie intime, erre d'Espagne en Angleterre et d'Angleterre aux Pays-Bas ; le duc de Rohan est en exil ; le duc de Bouillon, condamné à mort, se garde dans sa citadelle de Sédan ; le prince de Marsillac est en exil ; les deux Montmorency sont morts sur l'échafaud ; partout enfin la noblesse est poursuivie, décimée..., mais non soumise. Elle conspire à l'intérieur et avec l'étranger, inspirée et soutenue par la reine, qui lui promet l'appui de son frère, le roi d'Espagne, comme nous venons d'en saisir les preuves à l'oratoire du Val-de-Grâce (1).

---

(1) Il n'est plus permis aujourd'hui de contester la participation d'Anne d'Autriche aux conspirations de la noblesse contre Richelieu. Malgré les dénégations de Delaporte, l'affaire du Val-de-Grâce à laquelle le

Richelieu s'arrêta un instant pour reprendre haleine ; puis il continua :

— Pour les parlements, la victoire a été plus facile : j'ai opposé des ordonnances à leurs arrêts ; je ne les ai plus consultés sur les affaires de l'Etat ; j'ai établi des commissions judiciaires ; j'ai fait la sourde oreille à leurs remontrances ; j'ai supprimé les offices des conseillers les plus résistants, et les ai remplacés par de nouvelles charges données à des hommes fidèles et dévoués.

Et regardant plus fixement Renaudot, Richelieu poursuivit :

— Mon œuvre n'est point finie : la noblesse

---

cardinal fait ici allusion, est connue dans tout son jour ; et, quoique le chancelier Séguier n'ait pu saisir quelque papier compromettant, même sous le fichu de la reine où le magistrat, dit-on, porta les mains, il est aujourd'hui prouvé que la reine correspondait secrètement avec son frère le roi d'Espagne, et avec son amie la duchesse de Chevreuse, alors à Bruxelles. — Dans son ouvrage sur la duchesse de Chevreuse, M. Victor Cousin rapporte longuement cette affaire de 1637, et l'éclaircit par des documents nouveaux et irréfutables. On n'y lira pas, entre autres, sans un vif sentiment de curiosité, la déclaration imposée à la reine, et signée de sa main, pour obtenir la grâce de son royal époux.

dispersée et le Parlement soumis, il me reste
d'autres ennemis à combattre, et, parmi eux,
l'Université. Le temps me presse ; la vie s'est usée
en moi dans ces luttes terribles, et j'ai hâte d'assurer le triomphe de l'entreprise que j'ai com-
mencée. Vous pouvez me servir, monsieur Renaudot... Le voulez-vous ?

— Monseigneur, dit le journaliste tout trem-
blant, je crains de ne pas être à la hauteur de
votre génie.

— Je vous soutiendrai, dit Richelieu, vous
n'avez qu'à marcher dans la voie d'opposition où
vous êtes déjà engagé. Votre maison de la rue de
la Calandre, par les consultations charitables que
vous y donnez et par les assemblées des médecins étrangers qui s'y tiennent, est une sorte de
Faculté élevée contre la Faculté de l'Université.
Il faut étendre, agrandir cette institution nais-
sante ; il faut ruiner l'importance de la Faculté
légale, et pour cela faire, monsieur Renaudot, je
vous concède, dans le faubourg Saint-Antoine,
le terrain suffisant pour construire un vaste hôtel, qui sera quelque jour le siége de l'Université
royale. — Demain vous aurez le brevet de cette
concession. — En attendant l'érection du bâtiment
et la création de notre nouvelle institution, appelez à vous tous les docteurs dissidents ; ouvrez
des cours publics sur les choses de la science, et,

pour que le peuple vous considère comme les vrais médecins à l'exclusion des docteurs de la rue de la Bûcherie, donnez la plus grande extension aux consultations charitables ; c'est là votre arme la plus puissante contre l'Ecole de Paris ; c'est par elle que vous devez assurer la suprématie de la Faculté nouvelle.

Une telle entreprise était la confirmation de tous les rêves de Renaudot ; la réalité arrivait à la hauteur de ses espérances. Le docteur de Montpellier ne trouva que des larmes pour exprimer à Richelieu l'admiration et la reconnaissance dont son cœur était rempli. Il se retira, ivre d'un ravissement facile à comprendre, et qui durait encore le lendemain dans toute son énergie, alors qu'il reçut le brevet de la concession d'un vaste terrain dans le faubourg Saint-Antoine, *dans le but,* disait l'ordonnance ministérielle, *d'y construire l'hostel des consultations charitables.*

CHAPITRE XII.

—

LA CONFESSION.

Renaudot s'était scrupuleusement conformé aux désirs de Richelieu : il avait embrassé avec une sorte de passion l'idée de fonder une Faculté de médecine rivale de la Faculté de Paris, et il caressait ce rêve avec l'orgueil d'une noble ambition satisfaite et, sans doute aussi, avec l'ivresse d'une vengeance assouvie. Il apportait à la réalisation de cette entreprise toute l'activité de son esprit, toute l'ardeur de sa robuste constitution et toute la prudence d'une longue et fructueuse expérience. Aussi les résultats obtenus dépassaient-ils ses espérances. Une fois par semaine, le mardi, dès sept heures du matin, la maison du Grand-Coq de la rue de la Calandre s'emplissait d'une foule de malades de tout âge, de tout sexe et de toutes conditions, qui bénissaient le nom de Renaudot comme celui d'un bienfaiteur de l'humanité ; trois médecins, à tour de rôle, installés dans les salles basses du logis, donnaient gratuitement des consultations charitables et les accompagnaient de la livraison de médicaments dont les minéraux faisaient la base ; et les malades reconnaissants portaient dans tous les quartiers de Paris la renommée de Renaudot, qui devint ainsi le praticien le plus recherché et le plus connu de la capitale.

La Faculté ne vit pas sans émotion l'accroissement que prenait l'institution de la rue de la Calandre, et surtout la faveur qu'elle recevait dans le public. Sentant tout le préjudice que son honneur et ses intérêts en éprouvaient, elle songea à en arrêter le développement et, pour cela faire, elle essaya de recourir au parlement, dont la sollicitude devait être acquise à la défense des priviléges de toute corporation, pour que les siens propres fussent respectés.

Malheureusement, la protection dont Richelieu couvrait l'œuvre de Renaudot n'était un secret pour personne, et le parlement avait trop appris à ses dépens, qu'il était inutile de résister aux ordres du ministre, pour qu'il se hasardât à subir un nouvel échec. Le temps n'était pas encore venu où les magistrats, descendant dans la rue, osaient parler ferme à la royauté et lui imposer l'élargissement du conseiller Broussel.

D'un autre côté, la Faculté de médecine était moins unie qu'elle prétendait le paraître, et présentait souvent le spectacle de tempêtes intestines. L'antimoine était la cause de ces orages, car, malgré les colères de Gui Patin, beaucoup de docteurs n'acceptaient pas les arrêts rendus en Sorbonne et au parlement contre les préparations émétiques. Guenaut, jeune alors et dans toute l'ardeur d'une ambition considérable, soit qu'il eût été édifié sur les vertus du précieux métal, soit qu'il comptât sur le prestige qui entoure toujours les choses nouvelles et peu connues, non seulement défendait dans le sanctuaire officiel le médicament proscrit, mais encore se faisait honneur de l'administrer à ses malades; il riait des sarcasmes de Gui Patin, qui l'accusait de n'employer l'antimoine que pour *garnir sa pochette et gagner l'écu blanc*, comme il se fâcha plus tard contre Boileau, qui lui décocha l'épigramme suivant :

On compterait plutôt combien dans un printemps Guenaut et l'antimoine ont fait mourir de gens.

L'exemple de Guenaut avait été suivi : beaucoup de docteurs régents recouraient publiquement à l'antimoine, et formaient ainsi, au sein de la Faculté, une petite église dont le patronage s'étendait, par cela même, indirectement jusque sur

la maison du Grand-Coq de la rue de la Calandre.

Par ces deux motifs : 1° la peur qu'inspirait Richelieu ; 2° la division qui régnait au sein de la
Faculté de médecine de Paris, Renaudot put librement poursuivre le cours de ses entreprises
et continuer sans entraves ses leçons publiques et
ses consultations charitables.

La clientèle, comme on le doit penser, lui arrivait nombreuse et productive ; pour satisfaire
à toutes les exigences du public, il se faisait
remplacer par ses deux fils, à qui leur titre de
licenciés permettait la pratique, et par les docteurs étrangers qui le secondaient dans ses consultations charitables ; lui, n'apparaissait que
dans les graves circonstances, comme le *Deus
ex machinâ* des anciens, et ne visitait que les
familles les plus hautes par le rang ou par la fortune.

Cependant, vers la fin de l'année 1638, le
17 décembre, on le vit se diriger à pied vers la
rue Saint-Jacques, traverser la porte du même
nom (1) et pénétrer dans le couvent des capucins,
qui est aujourd'hui l'hôpital du Midi.

Ce n'était point à un riche client qu'il allait

_____

(1) Cette porte, située entre les rues Saint-Hyacin-
the et des Fossés-Saint-Jacques, fut abattue en 1684.

porter les secours de son art, mais à un pauvre
moine dont on lui avait caché le nom et qui voulait, à son lit de mort, avait-on dit, lui faire une
communication importante

Mi par commisération, mi par curiosité, Renaudot avait accédé à la requête qui lui était
adressée et, comme nous l'avons vu, il se rendait à l'appel du pauvre capucin.

Sa visite était attendue, car, dès qu'il parut,
un frère servant le conduisit sans mot dire dans
une cellule du premier étage, éclairée par une
fenêtre donnant sur les jardins et chauffée par
quelques poignées de broussailles jetées dans
l'âtre d'une petite cheminée.

Là, sur un grabat, gisait un homme de 61 ans,
que de longues souffrances, bien plus que l'âge,
semblaient avoir brisé et conduit au terme fatal.
Cependant, malgré les ravages morbides dont son
visage portait l'empreinte, son regard avait encore quelque chose de limpide et de fort qui trahissait une grande énergie de l'âme et une vita-
lité morale qui n'avait subi que médiocrement les
altérations éprouvées par l'organisme.

A peine Renaudot eut-il jeté les yeux sur le
moribond, que, lui tendant la main avec une effusion mêlée de pitié :

— Je me suis douté, ô mon père, lui dit-il,

que c'était vous qui me faisiez demander, et j'ai mis toute hâte à répondre à votre appel.

— Merci, répliqua le malade en essayant de se soulever, et merci de vous exposer pour moi à la colère de monseigneur le cardinal.

— La reconnaissance est un sentiment trop naturel pour mériter des éloges.

— Il n'est pas alors de peines assez sévères pour punir l'ingratitude.

Renaudot sentit toute l'amertume de cette réponse, car, disons-le de suite, il se trouvait en face du P. Joseph Du Tremblay, le confident infidèle de Richelieu.

Le malade reprit :

— J'ai été bien coupable, ô mon fils, envers vous et surtout envers monseigneur le cardinal. Ma mort est proche, et, au moment de paraître devant le juge suprême, je veux avoir l'assurance de votre pardon et l'espérance de celui de mon maître, que j'ai si indignement trahi.

— Quels que soient les torts que vous ayez eus envers moi et que j'ignore, répondit Renaudot ému tout à la fois des remords et de l'état misérable en lesquels était son ancien ami, je vous les pardonne d'avance de tout cœur ; quant à Son Eminence, je vous promets d'intervenir auprès d'elle de toute mon influence et de vous obtenir une grâce que mérite votre repentir.

Le moine serra avec effusion la main de Renaudot, et s'aidant d'elle pour s'asseoir sur le grabat :

— Je vous dois la vérité tout entière, dit-il ; le mensonge ne visite pas les tombes... écoutez-moi.

Le médecin, grave et recueilli, s'assit au chevet du moribond ; celui-ci reprit :

— Vous à qui votre art dévoile les secrets ressorts de la nature humaine, vous êtes-vous jamais expliqué l'influence vertigineuse qu'a sur notre âme l'exercice du pouvoir ? c'est une ivresse dont les désirs toujours renaissants ne sont jamais assouvis ; c'est une magie dont les délices insatiables découvrent incessamment de nouveaux horizons et rêvent sans cesse des voluptés inconnues ; que le ciel, ô mon fils, vous préserve de cette ivresse et de cette magie, car, comme moi, vous seriez perdu.

Et, après avoir passé la main sur son front pâli pour mieux rassembler ses souvenirs :

— Quand la fortune de monseigneur, poursuivit-il, eut fait de moi le second personnage de l'État et m'eut rendu plus influent que le roi lui-même, l'ivresse dont je parlais tout à l'heure me monta au cerveau et me donna le vertige. Je voulus être ministre à la place de Richelieu ; du second rang où j'étais, je voulus monter au premier. A cette époque, une de mes parentes, mademoiselle Louise de Lafayette, devint la favorite du roi, et mon ambition puisa dans cette coïncidence le fol espoir de sa réalisation. Je pensais qu'il serait facile d'attacher à ma cause une jeune fille dont mon élévation garantissait la toute-puissance et dont j'étais l'allié naturel par les liens du sang et la communauté des intérêts. Malheureusement mademoiselle de Lafayette n'avait de goût ni pour le pouvoir, ni pour les intrigues politiques et ne se plaisait qu'aux choses frivoles de la vie ; incompris et repoussé, je maudissais cette étourderie d'enfant qui déjouait tous mes calculs d'ambition, quand vous m'offrîtes vous-même le moyen d'arriver jusqu'au cœur de la femme.

Le P. Joseph s'arrêta pour reprendre haleine, car, malgré ses efforts, les forces physiques trahissaient à tout instant son énergie morale.

Il reprit :

— Vous rappelez-vous les vers que vous me communiquâtes un jour dans votre maison de la rue de la Calandre, et relatifs à une mésaventure dont sa gaieté rendit mademoiselle de Lafayette victime ?

— Oui, répondit Renaudot, à qui revint tout à coup la mémoire de ce fait ; je me souviens même que ces vers furent, à cette époque, attribués à Sa Majesté.

— Précisément, poursuivit le moine ; mais moi, en les communiquant à la favorite, je les mis sur le compte du cardinal, contre lequel je déchaînais ainsi la haine et la colère de la femme outragée. Ces sentiments que j'étais enfin parvenu à faire naître, il me les fallait entretenir jusqu'à la réussite complète de mes plans. J'appris que votre confrère Vaultier, alors qu'il était à la cour de Marie de Médicis, avait rendu des services à la famille de ma parente et qu'il avait conservé sur l'esprit de celle-ci une influence considérable et légitime. Je l'allai trouver. Enfermé à la Bastille par ordre de Richelieu, il était d'avance dévoué à tout parti qui se proposerait la chute de son ennemi. Il accepta mes propositions, adopta mon plan de conduite ; mais condamné à l'impuissance par les verrous de sa prison, il me mit en relation avec celui de ses confrères qui le remplaçait auprès de mademoiselle de Lafayette. C'était Charles Guillemeau, médecin du roi, dont la haine contre le cardinal était au moins égale à celle de Vaultier.

La lumière se faisait dans l'esprit de Renaudot ; il commençait à comprendre la puissance du talisman que lui avait remis le médecin de Marie de Médicis, car, à cette époque de conspirations incessantes, les *aversionnaires* communiquaient

entre eux au moyen de lettres hyérogliphiques et
chiffrées (1).

Le capucin reprit :

— J'eus la pensée de m'ouvrir à vous et de
vous mettre dans mes intérêts ; mes complices ne
partagèrent pas ma confiance, et furent d'avis
qu'il fallait d'abord vous séduire et vous lier par la
reconnaissance. Vaultier vous tendit la main et
parut se réconcilier avec vous ; Guillemeau brava
pour vos fils les colères de la Faculté et parvint à
les faire admettre au baccalauréat et à la licence.
Tout marchait donc selon nos désirs : la favorite,

---

(1) Dans *Madame de Chevreuse*, M. V. Cousin, en
rapportant divers fragments de lettres non encore pu-
bliées de son héroïne, met, à la page 28, la note suivante : « Disons une fois pour toutes que, dans l'origi-
nal, madame de Chevreuse est désignée par le n° 28,
Châteauneuf par le n° 38, le cardinal par le n° 22,
Louis XIII par le n° 23, la reine Anne par le n° 24,
M. de Chevreuse par le n° 57, etc. » — Ces chiffres,
sans doute pour dépister la police de Richelieu,
n'étaient pas les mêmes pour tout le monde ; on
trouve, en effet, dans les manuscrits de Colbert
(fol. 23) diverses lettres chiffrées, une entre autres
de Boispille à l'abbé Du Dorat, dans laquelle madame
de Chevreuse est désignée par le n° 25, le cardinal
par n° 61, l'Espagne par le n° 35, M. de Lorraine par
le n° 42, etc., etc.

entièrement engagée dans nos intérêts, plaidait
ma cause auprès du roi pendant que je la soute-
nais à Rome, car, pour renverser et remplacer un
cardinal, il me fallait être prince de l'Eglise. Mais,
hélas ! au moment où je croyais toucher au but,
tout s'est écroulé par la faiblesse de Sa Majesté :
étonné et irrité tout à la fois de trouver dans sa
favorite un homme d'Etat qui lui parlait de la
paix et de la guerre, le roi, malgré le secret qu'il
avait promis, se plaignit à son ministre, et dès ce
moment tout fut perdu. L'éveil étant donné, le
cardinal se mit sur ses gardes, et grâce à une police habile, dirigée par un valet de chambre du
roi, Boizenval, il eut bientôt pénétré le mystère
de mes folles et odieuses intrigues.

Le narrateur laissa tomber sa tête comme pour
cacher la honte qui couvrait son front, et, après
quelques instants donnés aux remords, il reprit :

— Le châtiment ne se fit pas attendre : ma
constitution, qui semblait braver les attaques du
temps, s'altéra tout à coup : mes cheveux blan-
chirent, mes orbites se creusèrent, mes joues
blêmirent et mon dos se voûta ; mes forces m'a-
bandonnèrent peu à peu, et aujourd'hui, après
deux années de souffrances et de décomposition
lente, je suis arrivé à la tombe, au fond de laquelle je n'aperçois plus que l'anathème et les
remords.

Et le moine étouffa dans les pleurs des san-
glots qu'il parut disputer au râle de l'ago-
nie.

— La clémence de Dieu est grande, observa
Renaudot touché de cette profonde douleur; il
vous a déjà donné beaucoup de jours pour
le repentir, il vous en laissera davantage encore,
ô mon père, pour vous obtenir un entier
pardon.

— L'illusion ne m'est plus permise, répondit
tristement le capucin; Guillemeau, qui me soigne
depuis le début du mal et qui par conséquent en
a suivi toutes les phases, compte les heures qui
me restent .. Cependant, ajouta le moine comme
surpris par un souvenir, dans l'espoir d'arracher
à la mort quelques instants de plus, il me doit
amener tantôt un de ses confrères pour faire ce
que vous appelez une consultation.

Et tendant une main décharnée à Renaudot :

— Vous êtes médecin aussi, lui dit-il, prou-
vez-moi que vous êtes resté mon ami en prenant
part à cette consultation.

— Oui, répondit Renaudot les larmes aux
yeux; et j'ai la conviction que la science d'un
côté et l'amitié de l'autre conjureront le mal qui
vous mine.

— Merci de cet espoir, dit le moine en serrant affectueusement la main de son visiteur.

Des pas retentirent dans le corridor :

— Ce sont vos confrères, dit le P. Joseph.

Et la porte de la cellule livra passage à deux personnages que nous connaissons déjà, Guillemeau et Gui Patin.

Le premier s'approcha amicalement du lit du capucin, et au moment où il allait expliquer à son compagnon l'état du malade, celui-ci les pria de s'adjoindre son ancien médecin et ami, Théophraste Renaudot.

Guillemeau fit un signe d'acquiescement, mais Gui Patin, frappant sur l'épaule de son confrère de Paris, et reculant de deux pas :

— *Nemo cum empiricis*, dit-il, *aut à collegio medicorum Pariensium non probatis, medica consilia ineat.*

Et il franchit la porte de la cellule.

Devant ce brutal rappel aux statuts et cette barbare mise en demeure de s'y conformer, des sentiments divers remplirent l'âme des assistants : Guillemeau fut confus; Renaudot indigné et le moine résigné.

Après un moment de silence, Guillemeau proposa de rappeler Gui Patin, et s'offrit de se mettre à sa poursuite.

Il sortit à son tour; mais, soit qu'il n'eût pas retrouvé son confrère, soit que celui-ci l'eût forcé de se conformer aux statuts, il ne reparut pas dans la cellule et abandonna aux soins de Renaudot seul le pauvre moribond, dont l'état s'était sensiblement aggravé sous les émotions de cette scène étrange.

Le médecin de Montpellier ne faillit ni à sa profession ni à l'amitié : il resta près du P. Joseph tout le reste de la journée et la nuit qui suivit ; mais, en dépit des soins les plus affectueux et les plus expérimentés, il ne put conjurer une mort certaine, et l'Eminence grise, celui qui avait été le bras droit de Richelieu, s'éteignit misérablement, le 18 décembre 1638, sur un pauvre grabat du couvent des Capucins, dans le faubourg Saint-Jacques.

CHAPITRE XIII.

—

UN ORDRE DU MINISTRE.

Gui Patin n'était homme ni à garder une mauvaise position ni à s'amender dans ses rancunes; la mort du P. Joseph fut un évènement dont la cour et la ville s'occupèrent et recherchèrent les moindres détails, car, disons-le maintenant, les ennemis de Richelieu accusèrent le cardinal de n'être pas tout à fait étranger aux altérations qu'avait tout à coup subies la robuste constitution de son confident infidèle, et ils prétendirent qu'avant de le renvoyer au couvent des Capucins, il lui avait administré un de ces poisons sûrs dont le secret n'était pas mort avec les Borgia, et qu'on devait retrouver, quelques années plus tard, entre les mains de la Brinvilliers et de la Voisin.

Ces accusations dont nous n'avons point ici à discuter la légitimité, mais qui, à cette époque,

étaient généralement répandues dans le public,
attirèrent l'attention sur les derniers moments
du P. Joseph, et, par cela même, donnèrent du
retentissement à la scène que nous avons rapportée à la fin du chapitre précédent.

La conduite des deux docteurs de la Faculté
de Paris fut généralement blâmée, et d'autant
plus énergiquement que le vent de la faveur populaire soufflait en ce moment du côté de Renaudot, à cause des consultations charitables dont on
appréciait partout le principe philanthropique.

Pour repousser les reproches qui lui étaient
adressés, Gui Patin ne se contenta pas d'invo-
quer les statuts de la Faculté qui, comme nous
l'avons vu, lui défendaient de se trouver en consultation avec les empiriques et les médecins
étrangers à la compagnie ; mais il prétendit que Renaudot avait voulu administrer l'antimoine, et
que, le malade s'étant formellement prononcé
en faveur de ce médicament incendiaire et ré-
prouvé par tous les hommes sages, il avait dû se
retirer pour ne pas exposer sa responsabilité et
ne pas paraître s'associer à un meurtre.

Et insistant sur le dénouement fatal :

— C'est l'antimoine qui a tué le P. Joseph,
disait-il partout, et c'est Renaudot qui a été son
bourreau. Mon opinion et les conseils de l'expérience n'ayant pas prévalu, je n'ai plus eu qu'à

me retirer, et, n'ayant pu faire acte d'humanité, j'ai dû au moins sauvegarder l'honneur de la science et la dignité de la profession.

Cette justification dont nous savons toute la fausseté, atteignait un triple but : elle rehaussait le mérite de Gui Patin, frappait Renaudot d'une accusation terrible, et portait à l'antimoine un coup sensible et redoutable.

En faveur de ces deux derniers motifs, la Faculté de médecine, on le doit comprendre, prit fait et cause pour ses deux docteurs, et l'infortuné gazetier, qu'aucun talisman ne protégeait plus, se vit plus que jamais en butte aux attaques de ses ennemis, que la haine toujours croissante qu'inspirait Richelieu rendait de plus en plus intraitables.

Au milieu de ce concert d'imprécations et d'injures que faisait entendre la Faculté, Renaudot voulut avoir une voix amie qui pût, sinon dominer toutes les clameurs, du moins en adoucir l'amertume.

A cet effet, il se rendit chez Guillemeau, et quand il fut assuré qu'il pouvait s'expliquer en toute sécurité :

— Monsieur, lui dit-il, à son lit de mort, le P. Joseph, non-seulement m'a fait la confidence de la conspiration qu'il avait ourdie contre Son Éminence avec votre concours et celui de Vaul-

tier, mais encore, après votre départ dont je ne
veux pas savoir les motifs, il m'a remis des papiers qui, s'ils arrivaient jamais au cardinal,
feraient, à coup sûr, tomber votre tête.

Guillemeau sentit un froid glacial courir dans
tous ses membres, et sa figure se contracter sous
une impression indéfinissable de terreur ; mais,
avant qu'il en pût rendre les premières expres-
sions, Renaudot reprit :

— Les confidences verbales du P. Joseph ont
été faites au médecin bien plutôt qu'à l'ami ; le
serment que j'ai prêté à Montpellier et qui me
défend de divulguer les secrets dont on me rend
le dépositaire, vous est le garant d'un silence
que jamais aucune considération ne pourra me
faire rompre.

La respiration de Guillemeau devint moins
haletante ; il lui sembla reconnaître, dans ces dernières paroles, des intentions pacifiques, et un peu
d'espérance se mêla à la terreur profonde qui le
dominait.

Renaudot poursuivit :

— Le dépôt des papiers compromettants, au
contraire, a été fait à l'ami bien plutôt qu'au
médecin ; et, la mort n'ayant pas permis au P. Joseph de l'accompagner de recommandations spé-
ciales, je suis libre et seul juge de l'emploi que
j'en dois faire.

Et, déboutonnant son pourpoint de la poche duquel il tira un portefeuille :

— Ces papiers, ajouta-t-il, les voilà; j'estime qu'ils seront plus en sûreté dans vos mains que dans les miennes.

Et il remit le portefeuille à son confrère que tant de générosité paralysait.

Après un moment de silence, et lorsque Guillemeau eut enfin surmonté ses émotions :

— Monsieur, lui dit-il, je ne sais à quelles conditions...

— Des conditions? interrompit Renaudot; m'en avez-vous imposé quand je suis venu vous demander pour mes fils les grades universitaires?

— Puisque vous savez tout...

— Oui, interrompit encore Renaudot, je sais que vous avez obéi à un mot d'ordre, et que votre protection n'était qu'une tactique. Moi aussi, j'obéis, en vous abandonnant ce portefeuille, à la voix de ma conscience; et puis, ajouta-t-il en souriant, qui vous dit que ma démarche n'est pas aussi le résultat d'une tactique?

Cette dernière phrase, quoique accompagnée d'un sourire rassurant, n'était pas de nature à calmer l'effroi de Guillemeau qui, semblable en cela à tous les conspirateurs dévoilés, voyait partout des piéges et des espions de Son Éminence.

S'apercevant de l'impression qu'il avait produite, Renaudot reprit :

— Soyez sans crainte ; ma tactique n'a rien
qui vous doive alarmer ; elle est tout entière et
exclusivement au profit de la vérité.

Et amenant la conversation sur les calomnies
répandues sur son compte :

— Mieux que personne, lui dit-il, vous pouvez rendre justice à ma conduite et démasquer
les odieux mensonges de mes détracteurs.

Guillemeau promit d'intervenir auprès de ses
confrères et du public, et jura à Renaudot le dévouement le plus complet et le plus absolu.

L'ancien doyen tint parole : par ses remontrances et grâce à l'autorité de son nom, il parvint
à remettre dans leur véritable jour les faits relatifs à la mort du P. Joseph et, par conséquent, à
rendre à Renaudot la part d'estime que tendaient
à lui faire perdre les calomnies dont on le poursuivait.

Cette réhabilitation, on le doit comprendre,
déjouait les calculs de ses ennemis. Battus sur ce
terrain, mais comptant toujours sur les rivalités
confraternelles, ils ouvrirent une nouvelle campagne contre les consultations charitables pour
lesquelles le public prenait de jour en jour plus
d'engouement et qui portaient un coup terrible
aux intérêts des docteurs de la Faculté de Paris.

Renaudot, qui certainement maniait mieux la plume que la lancette, céda au besoin de repousser les attaques dont il était incessamment l'objet, et de justifier, au moins, celle de ses innovations qui avait eu l'insigne mérite d'obtenir l'approbation du cardinal ministre. Il fit donc paraître un premier mémoire ou, comme on disait à l'époque, un factum plein de modération, de dignité et de logique. Mais toutes ces précautions ne purent lui obtenir grâce. On riposta avec colère, et l'on fit à son endroit une dépense exagérée d'injures et de gros mots dont la nomenclature commence au titre même de la réponse, qui est le suivant : *Défense de la Faculté de médecine de Paris contre son calomniateur.* Tous les docteurs régents, le doyen en tête, signèrent ce factum et eurent la maladresse de le dédier à l'éminentissime cardinal de Richelieu, à qui l'on offrait ainsi l'excuse de se mêler des affaires de la Faculté.

Le ministre ne laissa point échapper une si belle occasion de rabaisser l'orgueil universitaire et de faire sentir son omnipotence à une corporation dont les priviléges et l'indépendance choquaient, ainsi que nous l'avons vu, toutes ses idées gouvernementales.

Trop politique pour frapper un grand coup qui l'eût fait accuser de tyrannie, et trop adroit

13.

pour ne pas se couvrir des formes de la justice, il appela chez lui les deux parties belligérantes, c'est-à-dire Renaudot et le doyen de la Faculté de médecine, qui était, à cette époque, Guillaume Du Val.

En cette circonstance, la Faculté était honorablement représentée, mais elle ne pouvait s'attendre à être fructueusement secondée et surtout vigoureusement défendue. Du Val, en effet, très âgé alors, avait plutôt côtoyé que parcouru la carrière médicale : livré aux études philosophiques et principalement au péripatétisme dont il avait composé un commentaire général aussi long qu'ennuyeux, il occupait au collège Royal une double chaire de philosophie, où il se gardait bien de faire monter Gallien à côté de son cher Aristote.

Mais parce que son idole avait cultivé les sciences naturelles, il les cultiva aussi, et de cette manière fut conduit à prendre le bonnet de docteur en médecine, qui lui fut octroyé en 1612. Bien plus, grâce à la protection du cardinal Duperron et grâce à la dédicace de son commentaire de la philosophie générale d'Aristote, Louis XIII le nomma un de *ses conseillers-médecins ordinaires* et par ainsi consacra son titre de docteur en médecine. Plus tard, c'est-à-dire au moment où est arrivé notre récit, le décanat que lui avait décerné la Faculté, était un simple témoignage d'estime dont l'opportunité, à vrai dire, était au moins douteuse ; car, outre son âge, Du Val, plus occupé de philosophie que de médecine, plus dévoué au collége Royal qu'à l'établissement de la rue de la Bûcherie, n'avait de la compagnie qu'il représentait, ni l'aveugle dévouement à ses priviléges, ni l'acrimonie de ses passions haineuses et jalouses. Alors qu'il aurait fallu à la tête de la Faculté un Gui Patin ou un Riolan, le hasard lui donnait pour la défendre un septuagénaire, étranger à ses luttes et presque indifférent au maintien de ses prérogatives.

La fortune souriait donc à Renaudot et secondait merveilleusement les projets de Richelieu. Le puissant ministre n'avait cependant pas besoin de ce concours du hasard, car, à défaut d'un pouvoir qui savait briser toute résistance, Richelieu, selon la judicieuse remarque du cardinal de Retz, s'il affectait d'abaisser les corps, n'oubliait pas de ménager les particuliers (1).

Il fut donc plein d'affabilité pour le doyen de la Faculté de médecine, protesta de son dévouement pour la docte compagnie et l'assura de sa

---

(1) *Mémoires du cardinal de Retz*, édit. Ch. Nodier, tome I, p. 65.

protection constante, tout en reconnaissant qu'il ne pouvait blâmer Renaudot pour ses consultations charitables, qui étaient une des choses les plus profitables au peuple (1).

« Je désire votre accommodement, ajouta-t-il, afin que vous travailliez en commun au soulagement des pauvres malades, et que vous ne vous épuisiez pas en querelles inutiles et méprisables. Vos luttes doivent avoir leur source, non dans une basse jalousie, mais dans la noble ambition de vous surpasser les uns les autres dans la route du bien. Que la Faculté fasse mieux que M. Renaudot, et elle acquérera de nouveaux titres à l'estime du roi et à la reconnaissance publique. »

Tel fut l'ultimatum que Richelieu, par l'organe du doyen, intima à la Faculté de médecine de Paris, et que Du Val, tout ému encore du

---

(1) Voici de quelle manière Renaudot relate cette entrevue : « Son Eminence, dit-il, fit l'honneur au doyen et à moi de nous dire qu'elle désirait notre accommodement, qui n'est pas purement et simplement protéger ceux de l'école de Paris en l'action intentée contre ma charité envers les pauvres malades : ce qu'on ne doit aussi jamais attendre d'une si grande piété qui est la sienne, et, n'était que je ne veux pas engager, comme ils font trop légèrement, les oracles de sa bouche sacrée, je pourrais ici rapporter le blâme qu'elle donna à leur procédé. »

ton solennel du ministre, lui rapporta fidèlement.

Gui Patin proposa de délibérer séance tenante
sur ce que la Faculté avait à faire ; mais les plus
sages, craignant les émotions diverses auxquelles
tout le monde était en proie, firent remettre la
délibération à huitaine.

CHAPITRE XIV.

CLINIQUE OFFICIELLE.

« Que la Faculté fasse mieux que M. Renaudot, avait dit le puissant ministre de Louis XIII, et elle acquerra de nouveaux titres à l'estime du roi et à la reconnaissance publique. »

Cette exhortation, fidèlement rapportée à la Faculté de médecine par son doyen, excita une vive émotion dans la docte compagnie, et chacun se demanda si la conduite du gazetier était si honorable qu'il fallût, marchant sur ses traces, s'étudier à l'atteindre et même à le surpasser. La discussion, remise à huitaine, comme nous l'avons dit, ne fut pas rendue plus calme par cet ajournement. Les opinions les plus contradictoires et les plus violentes se firent jour, à ce point que les membres les plus modérés étaient d'avis de persévérer simplement dans le sentier déjà frayé et d'attendre des temps meilleurs, que

la santé chancelante du cardinal rendait proches,
afin de replacer la corporation médicale de Paris
dans tout le lustre de ses prérogatives.

Malheureusement, l'ordre du ministre était
formel : « Que la Faculté fasse mieux que
M. Renaudot. » Il fallait donc faire quelque
chose, ne fût-ce que pour prouver sa soumission
et conserver les bonnes grâces de l'Eminence
rouge.

En premier lieu, il fut décidé, d'un commun
accord, que les fils du gazetier, cause unique de
tous ces embarras, ne seraient pas admis, malgré
leur déclaration notariée, aux examens du doctorat pour lesquels ils étaient précisément en
instance. Guillemeau eut un instant la pensée
de prendre la défense de ses anciens protégés et
de combattre ce nouvel acte de flagrante injus-
tice ; mais il fut contraint de réprimer au plus tôt
cette généreuse inspiration par les récriminations
sans nombre que sa conduite passée lui attira.

Isaac et Eusèbe Renaudot furent donc de nouveau sacrifiés et repoussés, comme indignes, des
examens du doctorat.

Cette décision pouvait plaire aux rancunes de
la Faculté, mais tout le monde comprit qu'elle
était en même temps un défi jeté à Richelieu, et
qu'il était nécessaire d'en affaiblir l'effet par
quelque acte éclatant et méritoire.

Mais que faire ? la Faculté n'avait pas le génie inventif de Renaudot et était d'ailleurs enchaînée par ses statuts, dont les liens de fer la condamnaient à une immobilité presque sépulcrale.

Cependant, malgré les colères soulevées par les succès du gazetier, quelques esprits conservaient encore assez de lucidité pour se rendre compte de la cause même de ces succès. Ils comprenaient toute l'importance des consultations charitables non-seulement au point de vue de l'humanité, mais encore sous le rapport de l'instruction médicale et surtout sous celui de la clientèle.

Mettant donc de côté toute vaine pudeur, mais s'armant de précautions oratoires infinies et se plaçant sous l'égide de la bienfaisance chrétienne, quelques docteurs osèrent soutenir le principe des consultations charitables et proposèrent de le réaliser dans les conditions de bienfaisance et d'utilité pour le peuple que pouvait seul offrir un corps aussi respectable que la Faculté de médecine.

Cette motion souleva des tempêtes ; on ne parla de rien moins que d'envahir la maison du Grand-Coq de la rue de la Calandre, car, disait-on, « chacun des médecins a le droit de prendre la verge en main pour chasser ces estrangers, compagnons de fripiers et usuriers, qui profanent et prostituent la beauté et chasteté de la médecine; et si nous voulions user de notre autorité, nous envoyerions nos escholiers casser tous les vaisseaux de ces nouveaux alchymistes qui enseignent publiquement des remèdes dangereux, comme fit Hésiode en la boutique d'un potier qui profanoit les beaux vers qu'il avoit composés (1). »

Cependant, après plusieurs jours d'agitation tumultueuse, la raison prévalut sur les passions insensées qui poussaient la Faculté dans des partis extrêmes, et il fut convenu que des consultations charitables seraient données, tous les samedis, par les docteurs régents, et que le public serait prévenu de cette innovation par des affiches placardées dans les carrefours de Paris.

Cette décision de la Faculté est à la date du **27 mars 1639**.

---

(1) S'appuyant sur ce passage d'un des factums de la Faculté, M. de Lescure, dans une étude sur Renaudot, publiée par la *Gazette de France* (17 décembre 1855 et 5 février et 15 mars 1856), assure que « par deux fois le doyen, à la tête de ses escholiers, avoit interrompu violemment les consultations. » Nous n'avons trouvé ce fait relaté nulle part et, s'il avait eu lieu, Renaudot n'eût pas manqué de s'en prévaloir contre ses adversaires. La Faculté, croyons-nous, s'en tint à la menace, telle que nous venons de la reproduire.

Les opposants, à la tête desquels s'était hardiment placé Gui Patin, soulevèrent de nouvelles objections et de nouvelles difficultés, à ce point que ce ne fut guère qu'à la fin de la même année que les annonces de ces consultations charitables purent être mises sur les murs de Paris. — Elles étaient ainsi conçues :

« Les doyen et docteurs de la Faculté de médecine font savoir à tous malades et affligés, de quelque maladie que ce soit, qu'ils se pourront trouver à leur Collége, rue de la Bûcherie, tous les samedis de chaque semaine, pour être visités charitablement par les médecins députés à ce faire, lesquels se trouveront audit Collége ; et ce, depuis les dix heures du matin jusqu'à midi, pour leur donner avis et conseil sur leurs maladies et ordonner remèdes convenables pour leur soulagement. »

Soit que, par sa sécheresse, cet avis ne fût pas un appât suffisant, soit que Renaudot eût comme un monopole qui défiât toute concurrence, toujours est-il que le public resta sourd à l'appel de la Faculté et ne déserta pas la rue de la Calandre pour celle de la Bûcherie.

Gui Patin triomphait. — « Vous le voyez, disait-il, le peuple ne veut pas de ces inventions diaboliques, inspirées par l'esprit d'usure et de tromperie du gazetier! »

Mais les promoteurs du projet, plus calmes et plus sages, défendirent contre les attaques de leurs fougueux adversaires l'utilité de l'institution et se mirent à rechercher consciencieusement les causes de l'abstention des pauvres malades.

Ils reconnurent d'abord que la publicité dont ils s'étaient servis avait dû être illusoire et que les affiches avaient dû passer inaperçues du peuple qui ne sait pas lire. En second lieu, ils comprirent que, pour balancer l'importance des services rendus par Renaudot et faire à son établissement une concurrence fructueuse, il fallait, comme lui, donner gratis des médicaments et ne pas s'enfermer dans une charité incomprise du peuple qui n'apprécie guère, surtout en médecine, que les choses matérielles et palpables. Enfin, faisant la part des idées religieuses de leur époque et de l'influence que le clergé exerce en tout temps sur les déterminations des classes ignorantes, ils crurent doublement utile de se mettre sous l'égide de la religion et de se donner les prêtres pour auxiliaires.

En conséquence, une instruction mûrement élaborée fut faite et destinée à être lue au prône; elle commençait par ces mots : *Jesus, Maria*, était toute confite de dévotion chrétienne, et fut en effet promulguée dans les prônes le jour de

Pâques 1641. « Il y était dit, rapporte M. Sainte-
Beuve qui, plus heureux que nous, semble avoir
eu en mains un exemplaire de ce mandement ;
il y était dit que cette espèce de consultation et
de clinique gratuite devait se tenir tous les samedis à l'issue de la messe qui se célébrait chaque
semaine en la chapelle de la Faculté, et après laquelle on réciterait désormais les litanies de la
Vierge, et l'on invoquerait particulièrement les
saints et les saintes qui de leur vivant, par profession ou par charité, avaient exercé et pratiqué
la médecine. On devait, cette fois non-seulement
donner des avis, mais fournir des médicaments
et remèdes gratis, selon les *petits moyens* de la
Faculté. » — « Renaudot, poursuit M. Sainte-
Beuve, prétendait que c'était là une imitation et
une émulation de l'école de Paris qui s'était pi-
quée d'honneur sur son exemple, et qui profitait
de son idée charitable. Il remarquait maligne-
ment que les quatre docteurs, spécialement pré-
posés pour ce service gratuit du samedi, rece-
vaient chacun *trente sous* des deniers de la
Faculté. La Faculté, au contraire, protestait contre toute idée d'imitation et soutenait que, dans
cet essai de bonne œuvre publique, elle n'avait
eu à s'inspirer que d'elle-même et de son amour
du bien. Toutes ces discussions, où le mot de
charité revenait sans cesse, ne se passaient point

sans grand renfort d'invectives des deux parts et d'injures infamantes (1). »

Gui Patin tenait ordinairement la plume pour la Faculté, et l'on reconnaît facilement ses factums à une tournure d'esprit qui lui était particulière, mais surtout à la profusion des épithètes de *polisson*, de *fripon*, de *camus*, de *gazetier*, etc., dont il accable son adversaire. Quoique dites en latin, ces injures finirent par lasser Renaudot qui, n'ayant plus Richelieu pour le défendre (2), s'adressa à la justice, et assigna Gui Patin en personne devant les requêtes de l'hôtel.

Gui Patin ne resta pas en arrière, et assigna à son tour Renaudot pour le même méfait devant la même juridiction.

C'était, comme nous dirions de nos jours, un double procès en diffamation.

L'affaire fut jugée le 14 août 1643. — On devait s'y attendre : les magistrats, libres enfin de la pression de Richelieu, et d'autre part influencés par les exhortations de leurs médecins ordinaires, donnèrent raison au docteur de Paris, qui soutint lui-même sa cause dans un plaidoyer « plus comique que sérieux, plus macaronique

(1) *Causeries du lundi*, art. GUI PATIN, t. VIII, p. 84.

(2) Le cardinal était mort le 4 décembre 1642.

que français et qui appartenait mieux à un hôtel
de Bourgogne qu'à un barreau. »

Le contentement de Gui Patin ne connut pas
de bornes : « Pour le gazetier, écrit-il à Spon,
jamais son nez ne fut accommodé comme je l'ai
accommodé aux requêtes de l'hostel en présence de
quatre mille personnes. Ce qui m'en fâche, c'est
que *habet frontem meretricis, nescit erubescere.*
On n'a jamais vu une application si heureuse que
celle de saint Jérôme ; *Epistola* 100 *ad Bona=*
sium contre ce *nebulo* et *blatero* (1); car voilà
les deux mots dont il me fit procès, qui est néanmoins une qualité qu'il s'est acquise par arrest solennellement donné en l'audience. Je n'avois rien
écrit de mon plaidoyer, et parlay sur-le-champ
par cœur près de sept quarts d'heure : j'avois
depuis commencé à le réduire par escrit, mais tant
d'autres empeschements me sont intervenus que
j'ay été obligé de l'abandonner ; je n'en ay que
trois pages d'escrites, et il y en aura plus de
quinze (2). »

On prétend que Gui Patin, impitoyable jusqu'au bout, dit à son adversaire en sortant de
l'audience : « Monsieur Renaudot, consolez-vous,

---

(1) *Polisson, fripon;* ce sont ces épithètes qu'affec-
tionne particulièrement Gui Patin.

(2) *Lettres,* édit. Baillière, t. 1er, pag. 107.

vous avez gagné en perdant : vous étiez camus
en entrant ici, vous en sortez avec un pied de
nez. »

Le triomphe de Gui Patin fut complet ; rien ne
lui manqua, pas même la poésie qui lui vint,
insigne honneur ! de la part de M. de Bourbon ;
il est vrai que le compliment était en latin, et
d'une telle faiblesse qu'il ne saurait être acceptée que par la seule vanité qu'il caresse (1).

Pour Renaudot, cet arrêt ne fut en apparence
qu'un échec porté à son amour-propre, mais il
fut en réalité le signal de sa ruine et le glas fu-
nèbre de sa prospérité. Ses deux protecteurs,
Richelieu et Louis XIII, étaient morts ; toutes les
victimes du cardinal sortaient de prison ou reve-
naient de l'exil ; Anne d'Autriche, si longtemps
poursuivie par l'Éminence rouge, était régente et
pouvait rendre aux favoris de son persécuteur
tous les coups qu'elle en avait reçus ; Mazarin n'é-

---

(1) Voici ces vers, que Gui Patin lui-même nous a
conservés :

Non tractat medicus mutas inglorius artes
(Hoc tibi nec licuit dicere, magne Mari) :
Hippocratis schola tota, Patinus et ipse refellit
Orantem summo quem stupuere foro,
Causa fuit tenuis ; tenuis non gloria, quando
Insigni palmam de nebulone tulit.

lait pas encore indispensable ; que pouvait donc
espérer l'infortuné Renaudot au milieu de tout
ce monde qui maudissait Richelieu et demandait vengeance contre sa mémoire?

CHAPITRE XV.

UN ARRÊT DU PARLEMENT.

Louis XIII, qui avait eu à la mort de Richelieu presque autant de contentement qu'il en avait éprouvé lors de l'assassinat du maréchal d'Ancre, respecta cependant les volontés de son ministre ; car il haïssait plus sa personne que sa politique, et, par une lettre circulaire adressée aux parlements, aux gouverneurs de provinces et aux ambassadeurs, il déclara « qu'il n'y auroit aucun changement dans la conduite des affaires et qu'il feroit voir combien il avoit aimé et honoré monsieur le cardinal par la protection qu'il donneroit à ses parents et à ses amis. »

Le cardinal Mazarin, désigné par Richelieu, fut mis à la tête du conseil des ministres, et eut l'adresse de concilier les intérêts de la reine, par conséquent sa position à venir, avec les sentiments d'aversion que le roi nourrissait contre sa femme et son frère ; à son instigation, une déclaration fut dressée, portant création d'un conseil de régence composé de la reine, du duc d'Orléans, du prince de Condé, du cardinal Mazarin, du chancelier Séguier, de MM. de Bouteillier et de Chavigny ; mais trois jours après la mort du roi, la reine mena son fils mineur tenir un lit de justice au parlement, et là, le chancelier y donna lecture d'une déclaration qui abrogeait toutes les dispositions par lesquelles le feu roi, abusant de sa puissance, avait voulu limiter l'autorité de la régence, et qui confiait à Anne d'Autriche la plénitude des pouvoirs attachés à ce titre.

Le parlement, en cassant le testament de Louis XIII, espérait engager la reconnaissance de la reine mère, et ressaisir par là le rôle politique dont Richelieu l'avait dépouillé. Bien que l'avenir dût bientôt montrer au parlement que la reconnaissance des souverains est comme les mots écrits sur le sable, que le souffle le plus léger efface, ce résultat parut obtenu pendant les quatre premières années de la régence, malgré la présence de Mazarin à la tête du conseil des ministres.

Mazarin, dont l'ambition n'avait pas les formes cassantes de celle de son patron, et dont le caractère était celui du renard bien plutôt que celui du tigre, espéra continuer la politique de Richelieu et arriver au même but en suivant une route

toute contraire, celle de la modération et de la
ruse : il ouvrit aux victimes du règne précédent
les portes de l'exil et de la prison ; il alla au-de-
vant de Mme de Chevreuse, à laquelle une disposi-
tion expresse de Louis XIII interdisait le retour
en France ; et caressa le parlement jusqu'à lui
faire croire qu'il ne gouvernerait pas sans lui.
« Le cardinal Mazarin, dit M. de Saint-Aulaire,
prétendait d'ailleurs arriver à ses fins par des
voies toutes contraires à celles de son prédécesseur ; il caressait la magistrature, répétait en toute
occasion « qu'il ne voulait gouverner que par les
» conseils du parlement ; qu'il regardait les magis-
» trats comme les tuteurs du roi mineur. » Les chefs
des compagnies souveraines trouvaient près de lui
un accès facile, un accueil gracieux, etc. (1). »

La corporation médicale songea aussi à sa
réhabilitation et prétendit au retour de tous ses
priviléges, dont la prescription n'était point acquise par une infraction forcée et purement tem-
poraire. Renaudot, coupable de cette infraction,
eût peut-être trouvé grâce devant ses confrères
de Paris, tant la joie était grande de se sentir
vivre sous la *bonne régente*, s'il n'eût, en plusieurs circonstances, glorifié la mémoire de son

_____

(1) *Histoire de la Fronde*, tom. Ier, pag. 112.

protecteur, continué à prôner l'antimoine, et
surtout poursuivi ses consultations charitables,
pour lesquelles il faisait incessamment appel aux
malades et aux médecins, et pour lesquelles il
osa réclamer à la reine la confirmation de la
cession des terrains que Richelieu lui avait faite
à la porte Saint-Antoine.

Cette dernière circonstance fut comme la goutte
d'eau qui fait déborder le vase trop plein.

Son ennemi implacable, dont les succès dans la
lutte pouvaient bien flatter, mais ne jamais satisfaire l'animosité, profita adroitement de cette
faute de Renaudot, et, n'ayant plus contre ses
emportements et ses hardiesses le fantôme mena-
çant de Richelieu, il entraîna la Faculté tout entière dans la voie de vengeance qu'il brûlait de
parcourir, et au bout de laquelle il espérait maintenant assouvir sa haine dans la ruine et l'a-
néantissement de son adversaire.

Ce dernier acte de la vie médicale de Renaudot
a deux tableaux : le premier se passe au Châtelet,
où le prévôt de Paris, à la date du 9 décembre
1643, donne sentence « par laquelle deffences
luy sont faites et à ses adhérans et adjoints
non médecins de la Faculté de Paris, d'exercer
cy-après la médecine, ny faire aucune confé-
rence, consultation, ny assemblée dans le bureau
d'adresse ou autres lieux de cette ville et faux-

bourgs de Paris ; ny de traitter et panser aucuns malades sous quelque prétexte que ce soit, à peine contre le contrevenant de cinq cens livres d'amende, au payement de laquelle il seroit contraint; et en cas d'assemblée, permis aux intimez cy-après nommez, de faire transporter le premier commissaire du Chastelet en la maison où elle se fera, pour contraindre les contrevenans au payement de la susdite amende. »

Le second et dernier tableau se déroule au parlement, devant lequel Renaudot non-seulement appelle du jugement rendu contre lui par défaut en la juridiction du Châtelet, mais encore demande l'enregistrement d'un arrêt du conseil d'État rendu en sa faveur le 19 novembre 1643, et de lettres patentes « par luy obtenuës le septiesme jour de décembre de la mesme année, pour estre maintenu luy et ses assistans en la joüissance de faire des consultations charitables et deffences à toutes personnes de les troubler ny empescher directement ny indirectement. »

Le ban et l'arrière-ban avaient été battus de part et d'autre pour ce suprême et dernier effort d'une lutte mémorable : les recteurs et suppôts de l'Université de Paris s'étaient joints à la Faculté de médecine; les docteurs, chancelier, professeurs et docteurs régents de la Faculté de médecine de Montpellier prêtaient leur concours à Renaudot, qui marchait escorté de « Maistre Gilles Auvray, Prestre; Bernard de Saint-Jean, Mathurine de Franc, femme d'Antoine de la Personne; Michelle Bachelier, femme de Jacques Habel; Innocent Jacquelain, Elizabelle Denier, fille de feu Jean Denier; Laurent Oger, Cyprienne Peschard, fille de Eutroppe Peschard et Marie Anceaume, ses père et mère; Jacques Agueville et François Agueville frères, Simon Venefice, Thomas Piret, Pierre Griffon, Gabriel de Lachau, Nicolas Chappu, Barbe Bussy, femme de Charles Gaillard; Jean Gaillard, fils dudit Charles; damoiselle Marie Mareschal, veuve de feu Antoine de Malauvoy, vivant escuyer, sieur de Babreul, soy disans tous pauvres estans en cette ville; et messire François de L'Hôpital, mareschal de France, les comtes et comtesses de Castres, Samuel Vasse, escuyer; Laurent Guerre Lesné, Remy du Pays, Jacques Chevalier, Jacques Béillard, Jacques La Salle, Maurice Le Sueur, bourgeois de Paris; tous intervenans en ladite cause et joints avec ledit appelant. »

Enfin les fils de Renaudot, Isaac et Eusèbe, interviurent à leur tour et demandèrent au Parlement qu'il voulût bien ordonner qu'ils fussent reçus au bonnet de docteur, aux autres droits et prérogatives.

Tous les préliminaires et la position des diver-

ses parties en ce long procès furent ainsi résumés
par Talon, qui occupait le siége de procureur général du roi. « Au mois d'octobre 1641, dit-il,
la Faculté de Médecine en l'Université de Paris,
s'est plainte au Chastelet contre Renaudot, lequel
n'ayant autre qualité que de médecin à Montpellier, non-seulement exerçoit publiquement la
médecine, mais mesme faisoit en sa maison des
conférences publiques ; et, sous prétexte de charité, établissoit une nouvelle escole ; sur laquelle
demande, Renaudot s'estant pourvu au conseil
privé du roy, et ayant obtenu arrest d'évocation,
nonobstant l'empeschement des médecins, ils ont
différé la poursuite de leurs instances jusqu'au
mois d'aoust de l'année 1643, qu'ils ont obtenu
un autre arrest contradictoire, portant renvoy de
leurs différends par devant les juges ordinaires ;
en vertu duquel les médecins de Paris ont obtenu · sentence contradictoire conforme à leurs
prétentions, de laquelle Renaudot ayant interjetié
appel, il a obtenu lettres patentes pour authoriser
ses conférences et consultations charitables, lesquelles lettres sont addressantes à la cour, et sur
lesquelles il a esté ordonné qu'il y seroit fait droit
en plaidant en cause d'appel. L'Université de
Montpellier a baillé sa requeste pour intervenir
en la cause, et favoriser l'intention de ses docteurs, qui prétendent faire la médecine en cette

ville de Paris ; d'autre part, l'Université de Paris
est intervenante, pour soutenir que les anciens
arrests et règlements doivent estre exécutez ; et
outre plus , les enfans de Renaudot sont aussi
intervenans en la cause, et prétendent que la
considération de leur père ne leur doit pas faire
préjudice, et qu'estans licentiez en la Faculté de
Médecine, on ne leur peut refuser le bonnet. »

L'avocat de Renaudot était Bataille ;

Celui de ses fils s'appelait Pucelle ;

La Faculté de Médecine de Paris était représentée par Chenvot ;

L'Université de la même ville par Deffita ;

Et celle de Montpellier par Martin.

Si de tous ces avocats, Chenvot ne fut pas le
plus éloquent, il fut du moins le plus impitoyable; il sut se mettre à la hauteur des rancunes
du parti qu'il défendait, et, marchant sur les mêmes traces, il se fit, pour abattre son adversaire,
une arme des choses les plus incroyables ; il lui
imputa tout à crime, même les hasards de son
nom et de sa ville natale : « l'origine et les mœurs
de ce réformateur, dit-il, sont à observer ; il est
né à Loudun, où, selon les jugements des commis-
saires, les démons ont establi leur séjour ; a té-
moigné avoir une partie de leurs secrets et de
leurs ruses ; » et plus loin : « son nom Théophraste ne promettoit rien moins que des actions

divines et surnaturelles; mais l'événement a fait connoistre que l'on en pouvoit dire comme Tertullien, de Pallio, dit du caméléon, *capit bestiola versiculum nomen grande; mais si vous considérez de près, ridebis illico famam et gratiam nominis illius, nec succus est corpori, jejunus semper, de vento cibus mutare totus, soli datum decorio suo ludere.* »

Avec de pareils arguments devant lesquels Gui Patin s'extasie, Renaudot devait être vaincu.

Il le fut.

La Cour, conformément aux conclusions de l'avocat général Omer Talon, celui-là même qui devait dire un jour à Louis XIV que *les oreilles des rois étaient à leurs genoux*, rendit l'arrêt suivant :

« La Cour a receu et reçoit les parties de Deffita et Martin intervenantes, et y faisant droit, ensemble sur les appellations, sans avoir égard aux lettres, a mis et met l'appellation au néant, ordonne que ce dont a esté appellé sortira son plein et entier effect; condamne l'appellant en l'amende et ès dépens ; a ordonné et ordonne que, dans huitaine, la Faculté de médecine s'assemblera pour faire un projet de réglement pour faire les consultations charitables des pauvres et iceluy apporter à la Cour, pour, iceluy veu, ordonner ce que de raison ; et sur les conclusions du procureur général, a ordonné et ordonne que Renaudot présentera à ladite Cour les lettres patentes addressées à icelle, par luy obtenuës pour l'établissement du bureau et permission de vendre à grâce; et cependant luy a fait et fait très expresses inhibitions et deffences de plus vendre ny prêter à l'avenir sur gages, jusqu'à ce que autrement par la Cour en ait esté ordonné; et que les officiers du Chastelet se transporteront chez ledit Renaudot pour faire inventaire de toutes les hardes qui se trouveront en sa maison, pour les rendre et restituer à qui il appartiendra; et sur la requeste des parties de Pucelle (*les fils de Renaudot*), y sera fait droit séparement ainsi que de raison. Fait en parlement le premier jour de mars, mil six cens quarante-quatre (1). »

Te voilà donc enfin, ô mon Renaudot! au faîte glorieux où je voulais te voir! la persécution est la consécration nécessaire du génie, et tu peux maintenant porter la tête haute : le peuple aura ses monts-de-piété, le commerce ses bureaux d'adresse et la Faculté de médecine ses cliniques.

Mais, ô prodige! dans cet anathème général

---

(1) Tous les documents de ce procès que nous avons cités, sont textuellement extraits des Registres du parlement de Paris.

que fulmine le parlement, seule, la *Gazette* trouve grâce et merci ; pourquoi ce respect ? La *Gazette* avait été cependant, plus que toute autre invention de Renaudot, l'objet d'attaques incessantes et d'injures grossières. Comprenait-on déjà à cette époque que le journal est chose grande et sainte, et que c'est un crime que de porter la main sur cette expression tangible de la conscience et de l'esprit de la société ?

CHAPITRE XVI.

—

LE JOURNALISTE SAUVÉ.

Après la mort du cardinal de Richelieu, tous les proscrits et prisonniers d'État reparurent à la cour, avides de ressaisir les places et les honneurs dont ils avaient été dépouillés, et impatients de rendre aux partisans de leur persécuteur les mauvais traitements dont ils se plaignaient d'avoir été les victimes.

La reine, qui avait à venger les mêmes injures, et qui, selon toute probabilité, devait avoir amassé tout un monde de haine en son âme espagnole, devint naturellement le centre autour duquel se groupèrent les mécontents, de telle sorte que la cour se trouva partagée en deux camps : le parti de la reine, et le parti des ministres, continuateurs de Richelieu.

A la tête du parti de la reine se plaça un homme d'une valeur intellectuelle médiocre, mais

auquel donnaient de l'importance un grand
nom, l'exil en Angleterre et ses assiduités auprès
d'Anne d'Autriche, qui semblait les accepter. Cet
homme était le duc de Beaufort, second fils du
duc de Vendôme, et petit-fils d'Henri IV et de
Gabrielle d'Estrées. Forcé de fuir en Angleterre
après la découverte de la conspiration de Cinq-
Mars et de de Thou, il était revenu à la cour dès
que Richelieu avait disparu de la scène, et s'é-
tait attaché à la reine qui l'accueillit avec faveur,
et le proclama publiquement le plus honnête
homme du royaume.

Comme il en était en même temps un des plus
beaux et des plus braves, il afficha des sentiments
tendres pour Anne d'Autriche qui, nous le répétons, n'en parut point offensée, de telle sorte
que le duc de Beaufort se crut assuré de gouverner
l'État, après la mort du roi, par l'empire qu'il
exercerait sur le cœur de la régente. Dans cette
expectative, ce jeune fou, ainsi que quelques
écervelés qui partageaient ses espérances, prirent
le ton et les manières de leurs charges à venir,
débitèrent à tout propos des maximes d'État, et se
posèrent partout comme de profonds politiques.

On les nomma les *importants*.

Uni à l'évêque de Beauvais, *plus idiot que
tous les idiots de votre connaissance*, dit le cardinal de Retz, et qui, pendant son ministère de

trois jours (de la mort du roi à la déclaration de
la régence d'Anne d'Autriche), demanda aux
Hollandais de se convertir à la religion catholique, s'ils voulaient demeurer dans l'alliance de
la France ; le parti des importants ne fut pas
étranger à la déclaration du parlement qui cassa
les dernières volontés de Louis XIII (1) ; aussi ne
put-il imposer des bornes ni à son indignation,
ni à sa colère quand il apprit que la reine, le
jour même où avait été tenu le lit de justice,
avait publiquement chargé M. le Prince d'offrir
le ministère au cardinal Mazarin (2). « M. de
Beaufort, dit le cardinal de Retz, qui avait le sens
beaucoup au-dessous du médiocre, voyant que
la reine avoit donné sa confiance à M. le cardinal
Mazarin, s'emporta de la manière du monde la
plus imprudente. Il refusa tous les avantages
qu'elle lui offroit avec profusion ; il fit vanité de

---

(1) L'évêque de Beauvais était fils d'André Potier
de Novion, président à mortier, et oncle de René
Potier, seigneur de Blancménil, président de la première chambre des Enquêtes.

(2) De toutes les explications que l'on a données de
la conduite d'Anne d'Autriche en cette occasion, la
plus plausible, à notre avis, est celle que M. de Saint-
Aulaire propose dans son *Histoire de la Fronde* (t. Ier,
p. 90). Ne faisant point ici l'histoire du gouvernement, nous ne pouvons qu'y renvoyer le lecteur.

donner au monde toutes les démonstrations d'un
amant irrité, etc. (1). »

Mazarin, fidèle au plan de conduite qu'il s'était
tracé, ou plutôt obéissant aux nécessités de son
esprit plus rusé que provocateur, et de son tempérament plus conciliant que batailleur ; Mazarin, disons-nous, essaya de calmer la colère des
importants, non-seulement par des avances de
toutes sortes, mais encore par des compensations
de toutes natures.

Cependant le désir de maintenir la paix n'allait pas chez lui jusqu'à l'abandon des principes
dont il était imbu ; seulement il s'étudiait, à force
d'adresse et de ruse, à sauver ces principes sans
trop meurtrir ses ennemis.

Ceux-ci, incessamment poussés par le démon
de la vengeance, mettaient sa patience à de rudes
épreuves, et le malheureux ministre devait, à
tout instant, prémunir l'esprit de la régente contre les dénonciations dont on poursuivait sans
relâche les amis de Richelieu.

Au nombre de ces dénonciations, il s'en trouva
une dont ses auteurs attendaient les plus heureux effets, car on reprochait au coupable, outre
sa tache originelle de *cardinaliste*, d'avoir atta-

---

(1) *Mémoires du cardinal de Retz*, édit. Ch. Nodier, tome I, p. 42.

qué directement la reine, et de n'avoir pas même ménagé la femme.

Ce coupable était Renaudot.

Le succès de cette nouvelle accusation paraissait d'autant plus assuré qu'après l'arrêt du parlement que nous avons rapporté dans le chapitre précédent, Anne d'Autriche semblerait obéir, non aux excitations de sa colère, mais aux décisions de la justice, et qu'en même temps elle cimenterait son alliance avec le pouvoir qui, brisant en sa faveur la volonté royale, l'avait investie de l'autorité souveraine.

Malheureusement tous ces calculs, malgré leur habileté, ne s'accordaient pas avec ceux de Mazarin. Celui-ci, soit par intuition, soit par connaissance profonde du caractère français, avait comme un pressentiment du déluge d'épigrammes, de pamphlets, de chansons, etc., qui le devaient poursuivre jusque dans la postérité sous le nom de *mazarinades*, et il sentait qu'il lui faudrait une contre-partie dans ce concert d'injures et de bons mots. Les *gazettes* dont il savait les services qu'en avait retirés Richelieu, lui parurent devoir être entre ses mains comme elles l'avaient été dans celles de son prédécesseur, soit un bouclier, soit une arme offensive, si elles continuaient à être dirigées et conduites par un homme du talent et de la probité de Renaudot.

Il profita donc de l'occasion qui lui était offerte pour entrer en relations avec le journaliste et se l'attacher par un bienfait.

— M. Renaudot, lui dit-il après l'avoir mandé dans son cabinet, par sentence du Châtelet et par arrêt du Parlement il vous est défendu désormais d'exercer la médecine à Paris, de prêter sur gages et de faire des consultations charitables.

— C'est vrai, Monseigneur.

— De toutes vos inventions il ne vous reste plus que les *Gazettes*, dont on demande la suppression comme chose immorale, et pour lesquelles S. M. la reine-régente serait assez disposée à vous envoyer à la Bastille.

— Et pourquoi, Monseigneur? demanda Renaudot assez inquiet.

— Pour un article publié par vous il y a onze ans, le 4 juin 1633.

Et, prenant dans un dossier le n° 54 de cette année 1633, il mit sous les yeux de Renaudot la quatrième page de la feuille en tête de laquelle, sous la rubrique FONTAINE BLEAU, se lisait l'article suivant (1) :

---

(1) Cet article, supprimé par la censure, ne se rencontre que dans l'édition primitive de la *Gazette*.

Dans l'exemplaire que la Bibliothèque Nationale prête au public, cet article n'existe pas. Le n° du

« *Le sieur de* **Lafemas**, *intendant de la Ius-*
tice és provinces et armées de Champagne, est
arrivé depuis trois iours en ce lieu, et a fait
amener avec luy plusieurs prisonniers d'Estat ;
entre lesquels est le sieur dom Iouan de Médi-
cis, lequel fut par luy arresté à Troyes, venant
de Bruxelles en habit desguisé, se faisant nom-
mer Marquis de Sainct-Ange. On tient qu'il
estoit chargé de plusieurs papiers importants, et
particulièrement de plans de villes et places de
ce Royaume, et de lettres tendantes à descrier le
Roy et le gouvernemêt de son Estat, dont on ne
sçait pas les particularités. Mais ce qui se peut
sçavoir, est que par l'vne desdites lettres on sup-
posoit que le Roy envoyoit à Rome pour trois
choses, aussi malicieuses qu'elles sont esloignées
de toute apparence : à sçavoir :
» *Pour répudier la Royne ;*

---

4 juin **1633** a été réimprimé avec cette suppression
que l'on a p.us tard réparée au moyen d'un manuscrit
dont l'écriture est indéchiffrable. Pour le pouvoir lire,
il faut recourir à l'exemplaire de la réserve qui contient le véritable n° 54 de l'édition primitive. Cet article que nous donnons ici textuellement, et que nous
n'avons trouvé nulle autre part, quoiqu'il en soit souvent question dans l'histoire de cette époque, ne nous
paraît pas mériter les colères dont la censure l'a poursuivi ; il est vrai qu'on peut se demander si la censure
a jamais été intelligente.

» *Pour faire déclarer Monsieur le duc d'Or-*
léans inhabile et incapable de succéder à la cou-
ronne;

» *Et pour avoir liberté de protéger les Luthé-*
riens.

» *Côme aussi on a trouvé dans lesdits pa-*
piers, des lettres de créance de l'Archiduchesse
au cardinal Infât; et vne figure sur la nais-
sance du Cardinal-Duc de Richelieu, faite par
vn nommé Fabrone, qui est à Bruxelles auprès
de la Royne-mère : où l'on tient que le nom dudit
sieur Cardinal est escrit de la main dudit Fa-
brone. On croit qu'il n'a pas passé en France
sans dessein, pourcequ'il a séjourné quatre jours
à Paris, et conféré avec plusieurs personnes sus-
pectes. Le temps et la visite de ses papiers des-
couvrirônt le secret de sa négociation. »

A peine Renaudot eut-il jeté les yeux sur l'article, que relevant fièrement la tête :

— Monseigneur, dit-il, cet article n'est pas
de moi ; il est tout entier écrit de la main du cardinal de Richelieu, à qui le feu roi l'avait dicté
lui-même ; en le publiant dans les *Gazettes* je
n'ai fait qu'obéir aux prescriptions de mon
brevet.

— J'en suis convaincu, répondit Mazarin, mais
il faut convaincre la reine et confondre vos accusateurs. Faites à l'adresse de S. M. une requête

explicative que vous me remettrez, et je me
charge du reste.

Cette requête que nous avons inutilement cher-
chée dans toutes les bibliothèques, n'a jamais été
imprimée, à ce que nous croyons. Monteil en
possédait un exemplaire manuscrit, probablement
unique, et c'est d'après lui que nous la ferons
connaître ici : « Le père des journalistes français, dit Monteil, ne pouvait être un sot : sa défense est adroite, et, d'ailleurs historique. Il ex-
pose qu'il exerce depuis vingt-cinq ans la charge
de commissaire-général des pauvres malades,
auxquels il procure gratuitement les consultations
de vingt médecins; qu'il en a guéri et médica-
menté à ses frais plus de vingt mille. Passant
ensuite par une habile transition, de la santé de
ses malades à celle de son journal, qui ne lui tenait pas moins à cœur : « On ne peut faire de
bien en France qui ne soit approuvé par une si
bonne princesse, trop équitable pour s'arrêter aux
mauvaises impressions que les esprits malfaisants
lui veulent donner. » Et puis la reine n'avait
alors aucune part aux affaires, il n'a pu que parler de sa vie exemplaire, il n'a pu davantage : et
combien n'a-t-il pas fait faire des vœux à la
France pour ses grossesses et heureuses délivran-
ces ! Enfin s'adressant directement à Anne d'Autriche : « Les discours que j'ai faits de la mala-

die du roi et de sa mort, dit-il, ont été de perpé-
tuels panégyriques de la piété et amitié conjugale
de Votre Majesté. » Abordant alors cette affaire
des prisonniers espagnols dont on venait, après
dix ans, réveiller le souvenir pour lui en faire
une accusation, il en décline la responsabilité :
« Chacun sait, dit-il, que le roi défunt ne lisait
pas seulement mes *Gazettes* et n'y souffrait pas
le moindre défaut, mais qu'il m'envoyait presque ordinairement des mémoires pour y employer..... est-ce à moi à examiner les actes du
gouvernement ? ma plume n'a été que greffière....
mes presses ne sont pas plus coupables d'avoir
roulé pour ses mémoires..... que *le curé qui les
lirait à son prône, que l'huissier ou le trompette
qui les publierait.* »

Comme le lui avait promis Mazarin, Renaudot
gagna son procès auprès de la reine et conserva
le brevet des *Gazettes.*

En lui annonçant cette bonne nouvelle, le ministre lui dit :

— M. Renaudot, je veux votre bien, parce
que j'espère que vous serez envers moi aussi bon
serviteur que vous l'avez été à l'endroit du cardinal de Richelieu. Malheureusement les temps
sont changés ; nous avons besoin de vivre en paix
avec le parlement, et il m'est impossible de vous
restituer les bénéfices dont vous avez été dépouillé.

Pour le moment,—nous ne savons ce que l'avenir nous réserve,—il vous faut renoncer à votre mont-de-piété et à vos consultations charitables, dont je ne pourrais vous rendre l'exercice sans soulever, chose trop grave ! les colères du parlement. Mais, comme compensation, je vous maintiens et garantis tous les brevets qui dépendent du gouvernement : celui des *Gazettes* d'abord, et ensuite celui de commissaire-général des pauvres valides et invalides du royaume ; et, pour que ce dernier brevet ne soit pas lettre morte et que vous puissiez, sans entraves, exercer la médecine partout où besoin sera, même à Paris, je vous nomme médecin du roi et vous autorise à prêter serment, en cette qualité, entre les mains du premier médecin de Sa Majesté.

Et lui remettant le brevet de sa nouvelle charge :

— Allez de ce pas chez Vaultier, lui dit-il ; il recevra votre serment et en justifiera sur les registres.

C'était, en effet, Vaultier qui, s'étant fait un titre de sa longue détention à la Bastille, avait été nommé premier médecin du roi mineur par l'influence des importants, alors que le duc de Beaufort exerçait un certain empire sur l'esprit de la reine. Mûri par l'expérience et les malheurs, il s'était séparé en temps opportun de la cabale de ses protecteurs, et s'était attaché à

Mazarin, dont la fortune lui paraissait mieux assise que celle du petit-fils de Henri IV.

— Ma prédiction est-elle assez accomplie? dit-
il à Renaudot après qu'il eut reçu son serment;
me voilà bien, comme je vous l'annonçais il y a
15 ans, premier médecin du roi, avec cette dif-
férence pourtant que je suis à tout jamais guéri
des amours des reines et des intrigues de cour, et
que toute mon ambition se réduit à présent à acquérir de gros bénéfices.

—Comme vous, répondit tristement Renaudot,
je voudrais recueillir les fruits de mes longues
souffrances; mais, hélas! cette joie m'est ravie, et
j'ignore même si les germes que j'ai jetés au vent
de mes luttes et de mes persécutions arriveront
jamais à la floraison.....

Ne blasphème pas, Renaudot! malgré de longs
hivers, les germes de la liberté ont toujours leur
printemps! regarde du fond de ta tombe : que
sont devenus et l'arrêt du parlement qui t'a
frappé, et les priviléges de la Faculté de médecine
que tu as combattus!!!

FIN.

TABLE DES MATIÈRES.

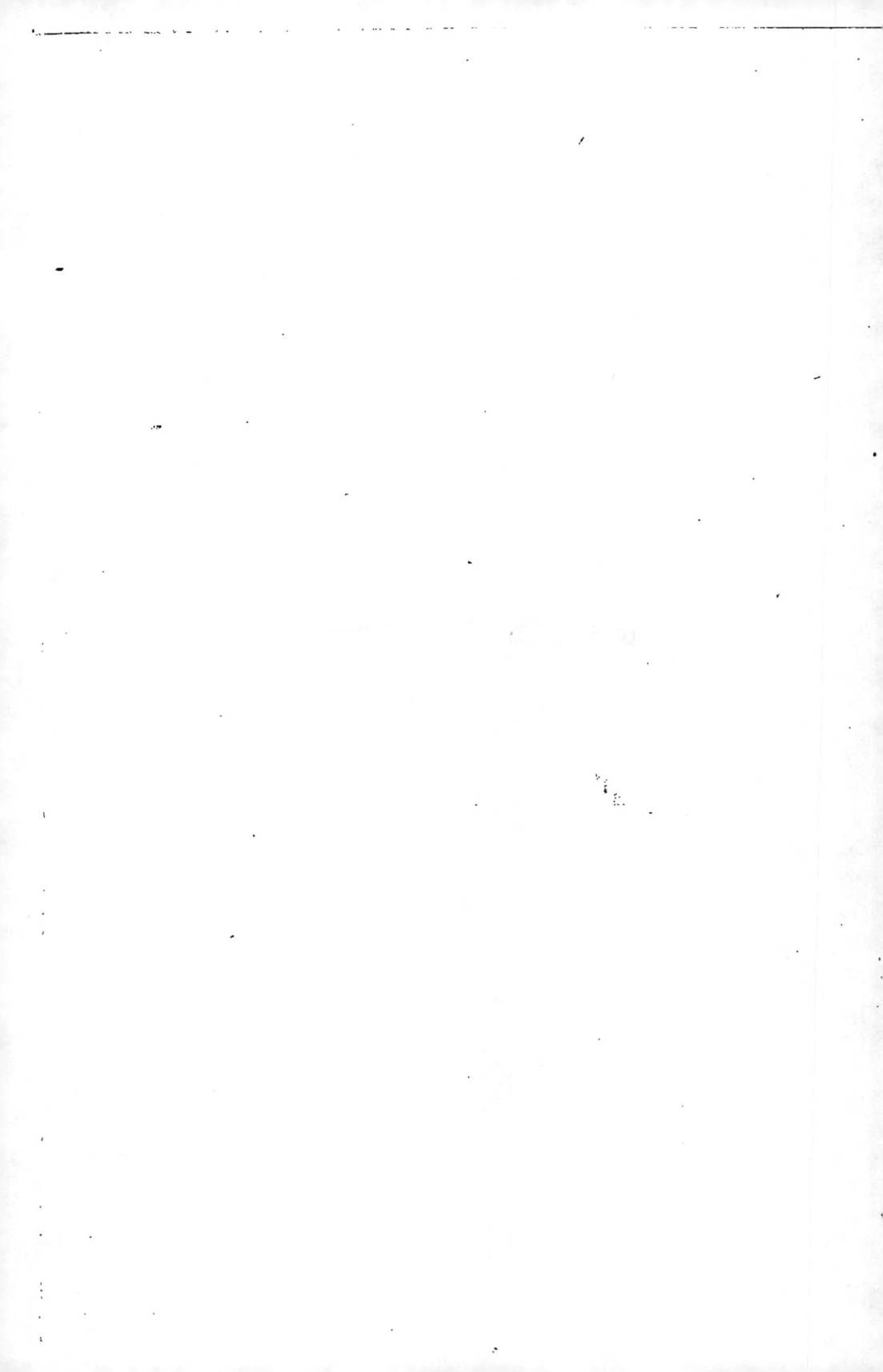

TABLE DES MATIÈRES.

ϴ0ϴ

Paris. — Imprimerie de Dubuisson et Cᵉ, rue Coq-Héron, 5.

PARIS

IMPRIMERIE DE DUBUISSON ET Cᵉ, RUE COQ-HÉRON, 5

www.ingramcontent.com/pod-product-compliance
Lightning Source LLC
Chambersburg PA
CBHW072001090426
42740CB00011B/2040